赤坂 真二 著

スペシャリスト直伝！

主体性とやる気を引き出す

学級づくりの極意

JN216935

明治図書

はじめに

　わが国の子どもたちは，学力偏差値は高いのに学習意欲が低いことが指摘されています。つまり，勉強はできるのにやる気がそれに見合っていないということです。みなさんは，子どもたちのやる気を高めることに自信はありますか。つまり，わが国の子どもたちは，自ら勉強をしたくてやっているのではなくてやらざるを得ないからやっているのです。このような受け身の態度で，人口減少，少子高齢化，グローバル化，ＡＩによる産業構造，雇用の変化，自治体が消滅するといわれる激変の時代を生き抜いていけるかというと，難しい話ではないでしょうか。これからの子どもたちに必要な力は，変化を乗り切るだけでなく自ら変化を起こし，変化そのものになっていくような確かな生きる力なのです。

　なぜ，学力偏差値の向上に成功しているわが国の子どもたちに低意欲が指摘されるのでしょうか。それはわが国の教育が，子どもたちの意欲を育てることにあまりにも無関心だったからです。それは先生方の個人的な力量の問題ではなく，教員養成から教員研修に至るまで，子どもたちの意欲を引き出す知恵と技術を系統的に訓練されていないからです。本書を手に取られている多くの方は，学校の先生方だと思いますが，いかがでしょうか，振り返ってみてください。子どもたちのやる気を高めるための訓練をどこかで受けてきましたか。恐らく，自信をもって頷ける方は少数だと思いますし，頷いた方は自ら求めて学んだ方々だと思います。

　教師は普通に勉強していると，子どもたちのやる気を奪うことを学んでしまう可能性があります。なぜならば，教員研修や教師の読む教育書の多くは，「こうすればこうなる」という「直接的に人を変えようとする」情報になっているからです。音読を上手にさせたい，文章を正確に読ませたい，計算を速くさせたい，大きな声で歌わせたい，絵を上手く描かせたい……こう表現しておわかりのようにすべて，「人をどう動かすか」という内容なのです。

　私たちは，人の言いなりになっていると主体性が奪われます。主体性が奪われると個人の特性や環境によって，やる気が低減するのです。教師の仕事

は，基本的に子どもたちに教育活動をさせることで目的が達成される構造にあります。つまり，子どもたちに何らかの影響力を及ぼして目的を達成することが学校教育という営みなのです。気をつけないと知らず知らず子どもたちのやる気を奪ってしまうのです。

　これは，教材でも教授法でも子ども理解の問題でもありません。リーダーシップの問題です。なぜならば，リーダーシップとは「目的達成に向けた影響力」のことを指すからです。教育力のある教師は，この影響力の質が高いのです。また，逆に教育力のない教師は影響力の質が低いのです。前者は，子どもたちのやる気を高めながら目標を達成します。子どもたちは，目標を達成すれば，次の目標を求めて動き出します。一方，後者は２つに分かれます。一つ目のタイプは，影響力そのものがないので目標が達成できません。達成感がもたらされないので子どもたちのやる気が削がれていきます。二つ目のタイプは，影響力はありますが，それが強制力や怖さで子どもたちを動かすので，とりあえず目標達成はします。しかし，達成感がもたらされないので，やはり，子どもたちはやる気になりません。力のある教師の教室は，子どもたちの歓声や笑顔で満たされ，そうではない教師の教室では，ダラッとしていたり，シラッとしていたり，妙に整然としていたりするのは，こうした背景が考えられます。

　子どもたちの主体性ややる気を引き出すには，子どもたちを直接変えようとしてはダメなのです。「人を変えるにはまず自分から」とよく言うではありませんか。大人社会では，人は簡単に変えられないからまず自分を変えることで，その影響力によって他者を変えるのです。しかし，教室では教師が強者，子どもたちが弱者の構造になりがちです。そうするとついつい教師は，直接子どもたちを変えようとして，結果的に子どもたちの主体性ややる気を奪ってしまうのです。本書は，教育書では実に珍しい，教師のリーダーシップに正面から向き合った書籍となりました。

赤坂　真二

contents

第1章

主体性とやる気を引き出す学級づくりの基礎・基本

第1節

教え子たちにこれからを生きる力を つけていますか

1 アクティブ・ラーニングの願い

　本書のテーマである「主体的な学び」とは言うまでもなく，次期学習指導要領の改訂に向けた動きの中で聞こえてきたアクティブ・ラーニングを説明する言葉の冒頭に見られる文言です。昨年から急激に盛り上がったアクティブ・ラーニング・ブームにおいて，現場には２つの立場が混在しました。「学びのあり方の抜本的転換だ」と変化を促そうとするもの，もう一つは，「今までやってきたことと変わらない」と維持を是認しようとするもの。各地域の指導層の立場によっても，また，小中高大の各校種によっても受け止め方は違っているようです。そこで，アクティブ・ラーニングを今一度整理しておきたいと思います。

　まず，一般的な定義は，「新たな未来を築くための大学教育の質的転換に向けて〜生涯学び続け，主体的に考える力を育成する大学へ〜（答申）」（2012年８月28日，中央教育審議会）における，「教員による一方向的な講義形式の教育とは異なり，学修者の能動的な学修への参加を取り入れた教授・学習法の総称」というものでしょう。政策的定義と言えます。その後，「初等中等教育における教育課程の基準等の在り方について（諮問）」（2014年11月20日）では，「課題の発見と解決に向けて主体的・協働的に学ぶ学習」と表現されました。端的に言い切られていることもあって使い勝手がよかったのか，「主体的・協働的な学び」が代名詞のように言われることもありました。

　また，その具体例としては，前出の答申に「学修者が能動的に学修するこ

とによって，認知的，倫理的，社会的能力，教養，知識，経験を含めた汎用的能力の育成を図る。発見学習，問題解決学習，体験学習，調査学習等が含まれるが，教室内でのグループ・ディスカッション，ディベート，グループ・ワーク等も有効なアクティブ・ラーニングの方法である」といくつかの例示がなされていました。

　一方，研究者も定義を試みています。溝上慎一氏はアクティブラーニングを，「一方的な知識伝達型講義を聴くという（受動的）学習を乗り越える意味での，あらゆる能動的な学習のこと。能動的な学習には，書く・話す・発表するなどの活動への関与と，そこで生じる認知プロセスの外化を伴う」と定義しています[*1]。これは，学術的定義の一つだと言ってもいいでしょう。

　しかし，研究者をもってしてもアクティブ・ラーニングの定義は難しいようです。また，前出の答申に見られた例示のように，初等教育においては，従来から現場でよく実施されてきた学習方法と大きく変わっているようには見えません。この得体の知れなさがあるからこそ，これを聞いたときに現場の教師たちは少なからず不安を感じたのだろうと思います。

　わが国では，大きなインパクトをもって迎えられたこの言葉ですが，アメリカではアクティブ・ラーニングは，「当たり前」の学習スタイルのようです。1980年代から，アメリカは大学の大衆化により授業形態を変えざるを得ませんでした。つまり，エリート教育だった高等教育が大衆化することによって，知識伝達型の授業が成り立たなくなったということでしょう。高度経済成長期の1960年代には，わが国の大学進学率は10〜15％でした。しかし，70年代半ばには30％を超え，以後，大学が増え「入りやすくなり」現在，約50％に至っています[*2]。

　2人に1人ですから，日本の高等教育も大衆化したと言っていいのかもしれません。ただ，わが国がアクティブ・ラーニングを導入しようとした背景は，単なる高等教育の大衆化だけではないのも事実です。

② あなたの教え子は,変化を乗り切り,変化を起こせるか

　みなさんは,アクティブ・ラーニングの政策的定義からどのようなメッセージを受け取ったでしょうか。具体例を読むまでもなくなんとなく,「一斉講義型の授業をおやめなさい」と言われているような感じがしたでしょうし,具体例を読めば「やはりそうか」となったことでしょう。これまでの活動型,交流型の学習を実施していた教師からすれば,「何を今更」だろうし,これまで講義型をやっていた教師からすれば「え？　どうしよう……」という思いをもったことだろうと思います。

　しかし,アクティブ・ラーニング導入は,

> ✦ 学習方法の転換というレベルでとらえるとそのメッセージを読み誤る

のではないでしょうか。文部科学省の教育課程企画特別部会「教育課程企画特別部会における論点整理について（報告）」(2015年8月26日,以下,「論点整理」）では,学習指導要領改訂という大枠の中で,学び方の転換を求めています。その大きな根拠として挙げられているのが,いわゆる2030年問題です。少子高齢化の進行で,65歳以上が人口の3割を超え,生産年齢人口が6割を切り,そこから派生する諸々の問題のことです。

　社会情勢や経済問題に詳しくなくても,高齢者を支える生産者世代の働き手が減少すれば,急増する高齢者世代を支える社会保障サービスなども窮地に立たされます。また,生産者世代が減れば国としての生産性が落ちるわけですからGDPも低下し,GDPが減少すれば,国力も低下し,財政面は今より悪化することがすぐに予想がつくでしょう。つまり,高齢者の増加で,若者世代・高齢者が「共倒れ」しかねないリスクが高まるのです。その他にも,今ある仕事が機械に置き換えられ,今ない仕事がこれから生まれてくることでしょう。働ける力があるのに仕事がないという事態が起こります。また,人口減少による地方都市の疲弊の問題も見逃せません。過疎化が進み,自治

体が機能しなくなり，都市の消滅の可能性も指摘されています。

　「そんな先のこと……」と思われるかもしれませんが，今の小学校３年生が社会人１年生になるときに2030年を迎えます（2016年現在）。14年なんかあっという間です。ある日突然2030年になるのでなく，日々刻々とその時を迎えようとしているのです。

　そんなときに，アクティブ・ラーニングの導入を，単なる学習方法の転換ととらえていていいのでしょうか。

 この激変する社会をあなたの教え子は，乗り越えていけるのか。

　そういう力を学校教育がつけているのかという問題提起ととらえるべきではないでしょうか。いや，変化に対応するといった受け身でいては，それに飲み込まれてしまうでしょう。乗り越えるだけでなく，山積する未解決の課題に向き合っていく必要があります。変化に対応することにとどまらず，変化を起こし，さらに変化そのものになっていかねばならないと思います。

　こうした状況が差し迫っているときに，来る日も来る日も友達の後頭部を眺めながら，仲間と話し合ったり，協力して課題を解決することもなく，黒板に書かれた内容をひたすら書き写し，１日に１つの新しいアイディアを思いつくこともなく，身の回りで問題が起こっても自分で解決することもなく，どこか人任せで受け身で過ごしていて……「大丈夫ですか？」というのが改革のメッセージではないでしょうか。

 アクティブ・ラーニングとは，これからの人生をつくる力を育てるキャリア教育

の性格をもつものです。

　アクティブ・ラーニングの求める主体的な学びを具体化するためには，こうした背景を理解しておく必要があるでしょう。アクティブ・ラーニングへの志向性は，みなさんの教え子たちにこれからを生きる力をつけてほしいという学校教育への期待であり，国の願いだととらえることだと読み取れます。

引用文献

* 1 　溝上慎一「アクティブラーニング論から見たディープ・アクティブラーニング」松下佳代，京都大学高等教育研究開発推進センター編著『ディープ・アクティブラーニング　大学授業を深化させるために』勁草書房，2015

* 2 　文部科学省「平成27年度学校基本調査（確定値）の公表について」（2015年12月25日）で，以下のことが報告されています。

①大学・短大進学率（現役）54.6%（前年度より0.7ポイント上昇）で過去最高。

②大学（学部）進学率（現役）48.9%（前年度より0.8ポイント上昇）で過去最高。

③専門学校進学率（現役）16.7%（前年度より0.3ポイント低下）また，過年度卒業者を含む進学率（就学率）についても前年度より上昇。

④大学・短大進学率（過年度卒含む）56.5%（前年度より0.2ポイント低下）。

⑤大学（学部）進学率（過年度卒含む）51.5%（前年度と同じ）で過去最高。

⑥高等教育機関進学率（過年度卒含む）79.8%（前年度より0.2ポイント低下）。

第**2**節

アクティブ・ラーニングのイメージをもっていますか

1 すべてのものは二度つくられる

　主体的な学びとか協働的な学びを実現するためには，それらの意味を，まず，教師自身がわかっていることが必要です。

　世界的ベストセラー『7つの習慣』の中で著者のスティーブン・R・コヴィー氏は，「すべてのものは二度つくられる」と言います[*3]。万物は，知的な第一の創造があり，それから物的な第二の創造があるという原則から，目的の達成の構えを説いています[*4]。これはそう理解に難くない話です。私たちが使用しているペンと紙，毎日使用するスマホ，パソコンなど，すべての物は一度私たちの頭の中で構想されてから，世の中に送り出されているのです。私たちが住む家，働く学校の校舎も一度，頭で構想されたものです。これは教育という営みにおいても同じことが言えるのではないでしょうか。優れた合唱の指導者は，美しい歌声で歌う子どもたちの歌声のイメージを明確にもっていて，なおかつそこに行き着くまでの指導過程を細分化した具体的な指導行動も頭の中に描かれていることでしょう。だからこそ，実際に指導ができるのです。

　主体的で協働的な学びといっても，教師が頭の中で具体的に学ぶ学習者をイメージできなかったら，言葉が一人歩きするだけで，恐らく実現はできません。アクティブ・ラーニングを実践し，成果をあげるためには，教師がアクティブ・ラーニングをしている学習者像を頭の中でありありとイメージできることが必要です。

　学習指導要領の改訂時には，様々な「新しい言葉」が「降って」きます。それらはわかるようでわからなかったりします。よく知っているようで実はよく知らないことに気づかされます。そこで，言葉の意味を探ってみたいと思います。

　主体的とはそもそもどのような意味なのでしょうか。広辞苑第六版では，

> 「ある活動や思考などをなす時，その主体となって働きかけるさま。他のものによって導かれるのではなく，自己の純粋な立場において行うさま」

とあります。発信元の文部科学省は主体的な学びをどう説明しているかというと，「論点整理」では，

> 「子供たちが見通しを持って粘り強く取り組み，自らの学習活動を振り返って次につなげる」

こととしています。こうして見てくると，辞書的な意味からは，学習過程における子どもの意思決定が関わり，自己決定性が重要であることがうかがえます。また，政策的には，見通しと振り返りから生じる継続的に学ぼうとする意欲面が重視されているのではないかと考えられます。

　では，一方の協働的な学びについても押さえておきましょう。「次期学習指導要領等に向けたこれまでの審議のまとめについて（報告）」（中央教育審議会初等中等教育分科会教育課程部会，2016年８月26日）で，学習指導要領改訂の方向性が議論され，そこでは，アクティブ・ラーニングが「主体的・対話的で深い学び」と説明されました。表舞台から協働が消え，その代わりに対話が押し出されているように見えます。

　もともと「論点整理」では，「課題の発見・解決に向けた主体的・協働的な学び」と説明されていました。よって，定義が変わったのかと思われるか

もしれませんが，「論点整理」の中でアクティブ・ラーニングの視点の２つ目に，「他者との協働や外界との相互作用を通じて，自らの考えを広げ深める，対話的な学び」と示されているので，大きく内容が変わったものだとは言えないでしょう。ただ，この「言葉の入れ替え」が後々，実践のあり方に随分影響するのでは……と個人的には思っています。

　これは，あまりにも盛り上がりすぎたアクティブ・ラーニング熱に文部科学省が，「冷静な釘」を刺したのではないでしょうか。かつて，生活科や総合的な学習の時間が導入されたときに，「這い回る生活科」「活動あって学びのない総合」と揶揄されたことがありました。協働に注目が集まり，活動主義に陥る実践が出ないよう配慮したと考えられます。また，PISAショックのときからの，知識技能面の軽視を危惧する風潮への配慮を示したものだと思われます。「協働的な学び」と言われるよりも，「対話的で深い学び」と言われたほうが，そういう側面を重視する方々には，落ち着くのではないでしょうか。しかし，忘れてはならないことは，協働的な学びの議論から出てきた対話的な学びであるということです。これを単に，対話的な学びという文言だけでとらえると，これもまた単なる言葉のやりとりの学習になってしまうでしょう。対話の意味をとらえる上で，協働の意味をとらえておくことは大事なことです。

　広辞苑第六版では協働を，「協力して働くこと」と説明しています。なんだか身も蓋もない説明なので，「協力」を調べてみます。同辞書では，「ある目的のために心をあわせて努力すること」とあります。なんとなくイメージができてきたかもしれません。もう少し調べてみると，日本には古くからある概念ではなく，近年になってつくられたものだという指摘もあります。働くという言葉からもわかるように，パートナーシップのあり方を表現しようとしている言葉のようです。デジタル大辞泉には，

「同じ目的のために，対等の立場で協力して共に働くこと」

とあります。先ほどよりもだいぶ，イメージができてきたのではありません

か。 これを踏まえて対話をとらえてみましょう。「対話」とは,

> 「向かい合って話すこと。相対して話すこと。二人の人が言葉を交わす
> こと。会話」

とあります（広辞苑第六版）。これだけを見ると「おしゃべり」と何が違う
のよくわかりません。「論点整理」の視点には,「他者との協働や外界との相
互作用」とありますから, 話すことだけに焦点化した辞書的な意味では不十
分です。アクティブ・ラーニングにおける対話ですから, そこには時代の要
請があろうかと思います。

多田孝志氏は, グローバル時代の対話の機能を次のように説明します。
「第一に, 互いの情報を伝え合う『情報の共有（互恵）』, 第二に, 参加者が
叡智を出し合って新たな解決策や知恵を生み出す『共創』, 第三に, 話し合
うことにより相互理解や相互親和を深める『人と人とのかかわりづくり』が
ある[5]」。

このような説明をしてもらえれば, ある程度の実践経験のある教師なら,
学習活動がいくつか思いつくことでしょう。多田氏の第一の機能で言えば,
一枚の写真からわかることを個人作業で書き出し, それをグループで共有す
るようなことが構想できます。第二の機能ならば, 国語の詩の学習で, 一連
を参考にしてグループで話し合って二連をつくる, などの活動が考えられま
す。

第一の機能と第二の機能は, 小中学校においては, 従来の授業とも親和性
が高く, 既に多くの教室で実践されており, さらにこれからも実践されるこ
とでしょう。もちろん高等学校でもすぐに取り入れられていくことでしょう。
意外と現場が苦戦するのは第三の機能かと思っています。他者との協働には
良好な関係性が必須であるにもかかわらず, 授業場面でそれをつくろうとす
ると「教科のねらいから外れている」と, 少なからず異論が唱えられてしま
う現実があります。一部の教師にとっては, 教科の指導時間における良好な
関係性の構築は, まだまだ余計なことであり, 邪道ですらあるようです。

しかし，その時間につくった良好な関係性が次の時間の良質な対話を生む可能性が大きいにもかかわらず，教科のねらいが，すべてに優先されてしまうわけです。教科の授業である以上，教科のねらいは達成しなくてはなりません。だから，教科のねらいがどうでもいいと言っているのではありません。しかし，

> アクティブ・ラーニングの授業では，関係性の構築も正当なねらいであり，それを達成することにも学習上の意味がある

のです。教科のねらいを達成しないとまるでその授業に意味がなかったというような評価の仕方が問題だと言っているのです。

　ある小学校の研究会に参加しました。研究会では，次期学習指導要領を見据えて，アクティブ・ラーニング型の授業が公開されました。国語の授業では，子どもたちがとても意欲的にかかわり合い，活発に意見を交換していました。ただ，教師がねらったような読み取りができていない子どもたちもいたので，教科のねらいの達成には疑問が残りました。しかし，「相手の意見を最後まで聞き，自分の意見を伝える」という学び方のねらいは，ほとんどの子が達成することができていました。ところが，協議会では，その地域の教科指導の重鎮と見られる方々から「なぜ，みんなで音読をしないのか」「読み取りが甘い」などの厳しいご指摘が少なからずありました。その声に，学び方のねらいを達成した子どもたちの姿は，「なきもの」のように扱われました。重鎮のご指摘は，教科のねらい達成に向けては妥当なものも多かったのでしょう。しかし，研究会のテーマや授業のねらいに正対していたか（学び方のねらいは，指導案に明記されていた）は疑問が残ります。アクティブ・ラーニングの視点で授業づくりをしている教師や学校は多々ありますが，様々なチャレンジが行われている一方で，まだ，それを評価する側の目が養われていないところもあると感じています。

　アクティブ・ラーニングをしている学習者は，課題を解決することの意味を自覚し，学習に高い意欲をもってかかわります。その解決の過程では，す

べての学習者が対等に貢献することが望まれ，それを通して良好な関係性が構築されていきます。単に，グループ学習や交流型の学習をすることが，アクティブ・ラーニングではないことはすぐにわかることでしょう。

　いかがでしょうか。主体的で協働的な学びのイメージづくりに少しはお役に立てたでしょうか。何かの参考になれば幸いです。

引用文献 ....

* 3　スティーブン・R・コヴィー著，ジェームス・J・スキナー，川西茂訳『7つの習慣』キング・ベアー出版，1996

* 4　前掲 * 1

* 5　多田孝志『授業で育てる対話力　グローバル時代の「対話型授業」の創造』教育出版，2011

第 3 節

あなたの教え子は
主体的に学んでいますか

1 積極的学習者を育てていますか

　みなさんのクラスの子どもたちは，主体的に学んでいるでしょうか。これまで実施されてきた全国学力・学習状況調査の学習に対する関心・意欲・態度において，「国語の勉強は好きですか」という設問に対して「当てはまる」「どちらかといえば，当てはまる」といった肯定的な回答をした子どもたちは，小中学校で6割前後を推移しています（図1-1）。また，算数・数学に対しては，同様の回答が，小学校で7割弱，中学校で6割弱となっています（図1-2）。すべての教科ではありませんが，時間割の多くを占める教科で，4割近くの子どもたちが，学習を好きだと言えない状況にあることが

【小学校】　　　　　　　　　　　　　　　　【中学校】

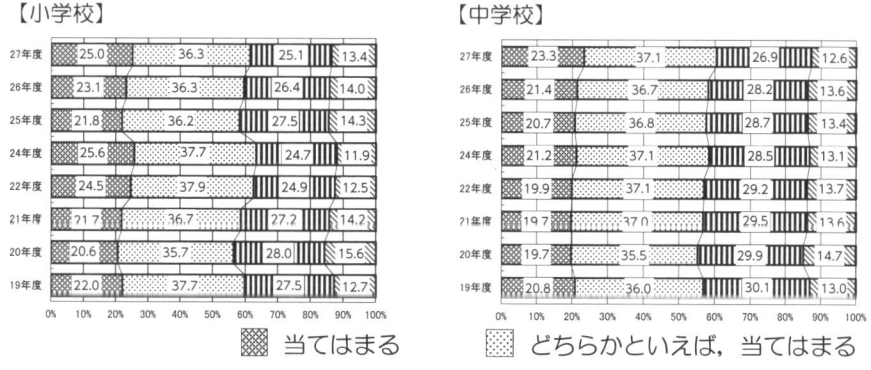

図1-1　「国語の勉強は好きですか」に対し
「当てはまる」「どちらかといえば，当てはまる」の割合

【小学校】

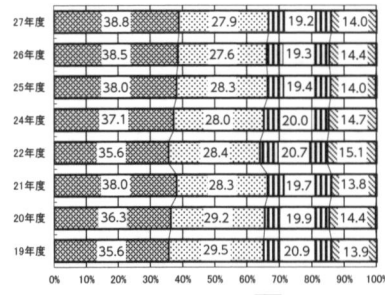

【中学校】

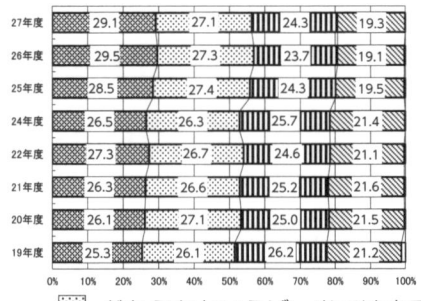

🔲 当てはまる　　　🔳 どちらかといえば，当てはまる

図1-2　「算数・数学の勉強は好きですか」に対し
「当てはまる」「どちらかといえば，当てはまる」の割合
（文部科学省「平成27年度　全国学力・学習状況調査調査結果のポイント」
2015年8月より）

わかります。

　国内だけ見るとこの数字の意味が把握しにくいかもしれません。そこで，他国との比較を見てみます。次ページの表1-1は，2011年の国際数学・理科教育動向調査（TIMSS2011）での，「勉強が好きだ」との設問に対する，肯定的回答の割合です。これを見ると小学校の理科以外は，国際平均よりも大きく下回っていることがわかります。調査からは，学習に対して積極的になれていないわが国の子どもたちの様子がうかがえますが，みなさんの教室ではいかがでしょうか。勉強が好きであることが積極的な学習者の十分条件とは言えないでしょうが，必要条件だとは言えるでしょう。割合としては少なくないのかもしれませんが，「日本の子どもたちは勉強が好きである」と言うには，心許ない数字です。国際的に高い学力をもっていると言われるわが国の子どもたちがなぜ，学習に対して積極的になれないのでしょうか。

表1－1　教科に対する意識（TIMSS2011をもとに筆者が作成）

（単位 %）	小学校		中学校	
	算数	理科	数学	理科
日本	66	83	39	53
国際平均	81	86	66	76

② 主体性を引き出していますか

　この問題に対して，教師側の要因を考察してみたいと思います。

　次ページの図1－3をご覧ください。これは，OECD 国際教員指導環境調査（TALIS）の2013年の結果から，「主体的な学びの引き出しに自信を持つ教員の割合」を示したものです。この調査は，学校の学習環境と教員の勤務環境に焦点を当てた国際調査で，OECD 加盟国を含む34の国や地域が参加しています。日本における中学校と中等教育学校（前期中等教育段階）にあたる教育機関の校長と教員が回答しています。

　各質問項目の上の割合はわが国の教員で，下は参加国の平均です。これによると，「生徒の批判的思考を促す」，「生徒に勉強ができると自信を持たせる」，「勉強にあまり関心を示さない生徒に動機付けをする」，「生徒が学習の価値を見いだせるよう手助けする」など生徒の主体的な学びを引き出すことに関わる事項について，

> 参加国平均よりも顕著に低い

と結論づけられています。

　二つ目から四つ目の項目は，学習への積極性と関わるであろうことがすんなりと理解できますが，一つ目の批判的思考は，少し違和感があるかもしれません。しかし，批判的思考は「相手を非難する思考」と誤解されがちです

が，相手を攻撃するといった考え方ではありません。批判的思考は，本来的には相手の発言に耳を傾け，論理や感情などを的確に把握し，自分の考えに誤りがないか振り返ることです。ということは，世間一般にもたれている他者に対する攻撃的で否定的なものとは真逆なものであり，実に，誠実で謙虚な考え方だと言えるでしょう。こうして解釈すると，かなりの積極性が必要な営みであることがわかります。

　各地の講座で「子どもたちのやる気を引き出す自信がありますか？」と参加者にお聞きしますが，みなさん，とても微妙な表情をされます。この調査の対象は中学校段階の教師ですが，校種にかかわらずある程度共通の認識のように思われます。

　実は，同調査においてわかったことは「わが国の教師が主体性の引き出しに自信がないこと」だけではありません。「学級内の秩序を乱す行動を抑える」，「自分が生徒にどのような態度・行動を期待しているか明確に示す」，「生徒を教室のきまりに従わせる」，「秩序を乱す又は騒々しい生徒を落ち着

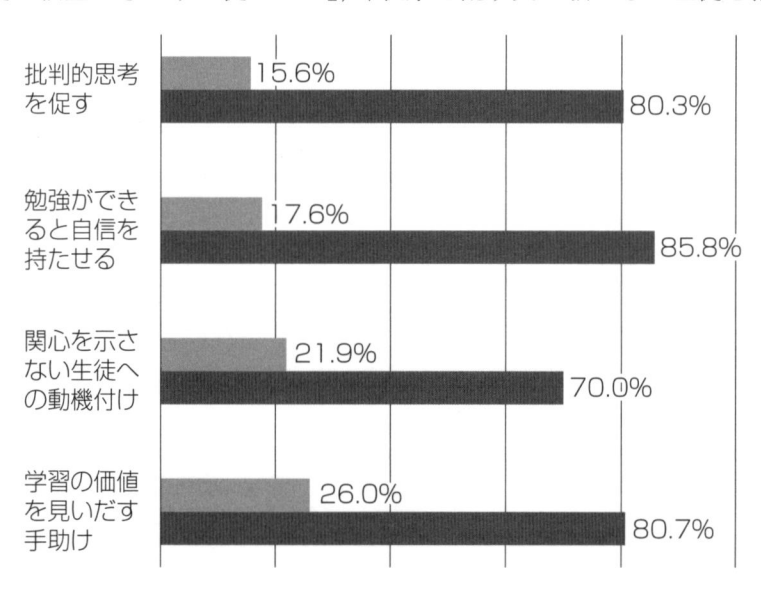

図1−3　主体的な学びの引き出しに自信を持つ教員の割合 (TALIS2013より)

かせる」など学級経営に関することや，「生徒のために発問を工夫する」，「多様な評価方法を活用する」，「生徒がわからない時は，別の説明の仕方を工夫する」，「様々な指導方法を用いて授業を行う」などの教科指導についても，参加国平均の半分くらいのスコアでした。「自信がありますか？」と聞かれて「自信があります」と答えることをはばかる国民性を加味しても，他国と開きがありすぎるのではないでしょうか。

> わが国の教師は，その仕事において高い水準をもつと指摘されながらも，とても自己評価が低い

のです。アクティブ・ラーニング成功のためには，こうした問題にも向き合わなくてはならないと思っています。

　余談を少しさせていただきます。全国の小中学校，教育委員会から講演や研修会のご依頼をいただきますが，その中に少なからず含まれているご依頼の趣旨に「先生方を元気にしてほしい」というものがあります。教師が疲れている，いや，「疲れ切っている」のは事実ではないでしょうか。「子どもたちにやる気を！」と言っていても，教師たちがそんな状態では子どもたちをやる気にさせることは，はるか遠い話のように思います。

　帰るのが遅い，土日も出勤せざるを得ないなどの教師に対して，「仕事が遅い」とか「自己コントロールができてない」とか容赦ない言葉を浴びせるような風潮が無きにしも非ずです。しかし，もちろん「個人の心がけ」で改善を図ることも大事ですが，既に，そうしたレベルを超えたところで仕事をしている教師も少なくないのではないでしょうか。

第 **4** 節

主体性を引き出すには

自己決定性の保証とは言うが

　では，どのようにしたら子どもたちの主体性を引き出し，学習意欲を高めることができるのでしょうか。

　先ほど，言葉の意味を検討したように，主体性は自己決定性と深く関わります。学習過程に自己決定の場面を取り入れれば，なるほど子どもたちが学びの意味を主体的に自覚し，学習意欲は高まりそうです。しかし，どうでしょう。本当にそれだけで子どもたちの学習意欲は高まるのでしょうか。

　みなさんのクラスには，下の図のような子はいませんか。いや，実際に寝ているという意味ではなく，なかなか学習に向き合えない低意欲の子のことです。この子に「さあ，自分で決めてごらん」と言ったらどんなことが起こるでしょうか。恐らく気だるそうにこちらをチラリと見て，「はあ？」と言うことでしょう。

　一般的には主体性を担保すれば，意欲は高まるととらえられがちですが，教室には自己決定の場を保証しても，学習に向き合えない子がいることはみなさんご存知の通りです。桜井茂男氏は，内発的学習意欲の発現のプロセスとして図1－4のような説明をしています[6]。内発

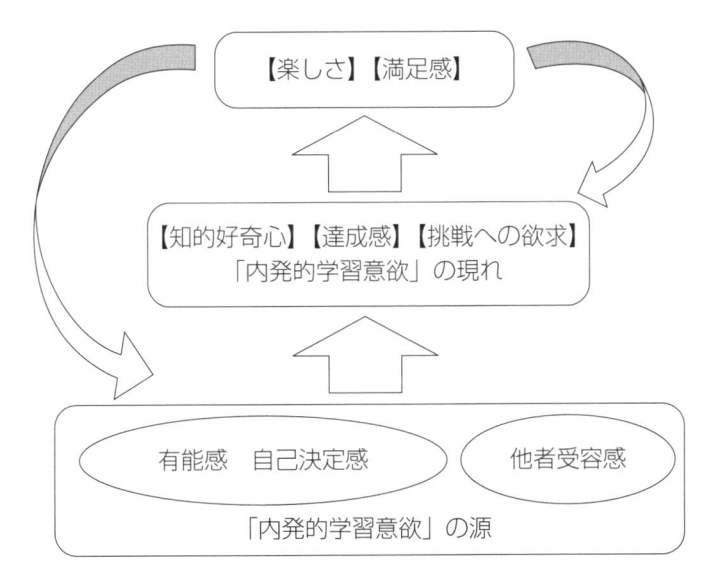

図1-4　内発的学習意欲の発現のプロセス（桜井，1997より）

的学習意欲とは，ここでは，学習意欲とか学習に対するやる気としてとらえておきたいと思います。図の最上層は，子どもたちが学習において，楽しさや満足感を感じる状態，つまり，学習意欲が高まっている状態です。

　それは何によって支えられるかといえば，知的好奇心や達成感や挑戦への欲求であり，それらを子どもたち自身が感じられるときが，学習意欲が現れてきている状態です。そして，そうした状態がどんな要因から起こってくるかといえば，有能感と，自己決定感と，他者受容感です。桜井氏はこれらが，内発的学習意欲の源だと説明しているのです。

　自己決定感は，もちろん，「自分のことは，自分で決めている」という気持ちです。しかし，自分で決めただけでは，学習意欲は起こってこないのです。そこには，「自分は勉強ができる」「やろうと思えば勉強ができる」という気持ちである有能感が必要です。

　自己決定の場を保証されてもやる気にならないのは，無気力を学んでいるからです。過去の失敗経験などから，「どうせやっても無駄だ」と判断して

いるのです。いわゆる，学習性無力感に陥っています。しかし，有能感のある子は，失敗しても「きっとできる」と思っていますから，挑戦が起こるわけです。有能感と自己決定感をともにもち合わせていれば，子どもたちは学習に対して意欲的になれることでしょう。

では，他者受容感とは，どのような役割を担っているのでしょうか。学習内容は多岐にわたります。子どもたちにとって，それができれば達成感を感じたり，嬉しかったりする肯定的な感情を味わうものについては，有能感と自己決定感があれば，十分に意欲的になれることでしょう。しかし，学習内容の中には，子どもたちにとってそれをやることの意味がよくわからないことも多々あります。むしろ，そちらのほうが多いのではないでしょうか。中学生だったら，因数分解を学ぶことによってそれが社会でどう役立つかは理解できなくても，受験に役立つことを知っています。その認識がやる気につながることもあるでしょう。

しかし，小学2年生がかけ算九九を暗記するのは，それが何かに役立つからと思っているわけではないでしょう。暗記することそのものが楽しい子も何割かいます。しかし，圧倒的多数は，それをすることによって先生や仲間から認められるからではないでしょうか。

桜井氏は，他者受容感が「安心して勉強ができる場」をつくる要素であると言い，さらに「有能感や自己決定感を形成するためにも，他者受容感は重要だ」と指摘します[7]。この安心感とやる気の関わりについては，また，後ほど述べたいと思います。

実力ある教師，つまり，子どもたちに学力などの力をつけている教師は，子どもたちのやる気を重視します。そして，子どもたちに高いやる気が見られるクラスは，安定した学級経営がなされています。

なのです。

　主体的な学びを実現するためには，学級集団づくりにコストをかけなくて
はならないことは，明らかです。しかし，実際の現場はそうなっていない場
合が少なからず見られます。校内研修の方向性を探るときに，授業づくりか
学級づくりかの二項対立的な議論が起こります。そして，「学力向上の基盤
は学級集団づくりである」というような主張がなされたとしても，「学級集
団づくりをしている余裕」などあるのかという話になります。さらに，学級
崩壊のような状態になっているクラスやそれに近いクラスがあり，病休の職
員が出ていたとしても，その問題に向き合うことなく，授業づくりに容易に
シフトしてしまうのが大方の学校の選択のようです。

　学級集団づくりに困難を抱える教師は後を絶たず，若手ばかりかベテラン
も困っているという現状が多々あります。なぜこのような事態になるのでし
ょうか。

引用文献

＊6，＊7　桜井茂男『学習意欲の心理学　自ら学ぶ子どもを育てる』誠信書房，1997

第 5 節

学級集団づくりにおける最大の課題

1 学級経営に対する戸惑い

　下記は，学級経営に関する講座の受講者の感想の一部分を抜粋したものです。まずは，お目通しください。

> 　何より私自身が学級づくりでつまずいていたので，今日はとても役立つ内容であった。授業研究などでよく「大切なのは学級経営ですね」という言葉を耳にしてきたが，学級経営の具体像がうまくつかめず何をどうしたらよいのか曖昧なまま，なんとなく１年が過ぎていくという繰り返しだった。

　続いてもうお一人。

> 　日頃実践していることに自分自身がこれでいいのかなと自信をなくしていることがいくつかあります。前はうまくいったのに今はなかなかうまくいかない状況に，子どもの変化に，自分自身がうまく対応しきれていないのだと思います。

　これは教職何年目の教師のものだと思いますか。

　実は，両方とも20年目の教師です。教職20年といえば押しも押されもせぬベテランです。なぜ，ベテランが今更「学級経営の具体像がうまくつかめず」と言い，「日頃実践していることに自分自身がこれでいいのかなと自信をなくしている」のでしょうか。

　さらに別な講座に参加されていたベテラン。病休中だったようです。きっ

と，復帰をどう迎えるか不安だったのかもしれません。よく講座においでになったと思います。

> 私は40代。小学校の教師です。今年度，先生から報告のあったような想像を絶する学級（小学２年生）を担任し，６月半ばでリタイア。今，病休をとっています。来年３月まで，という辞令をいただき，来年度からの教師生活に期待と不安をもちながら日々を過ごしています。

学級経営上の悩みは，若手教師の特有のそれであり，ベテラン教師だったら当然解決しているのではないでしょうか。なぜこのようなことが起こるのでしょうか。たまたまこの方々が，学級集団づくりに困難を抱えていたのでしょうか。いや，どうもそうではないようです。そこには，学級集団づくりという領域のもつ極めて特殊な問題が横たわっています。

2　最大の問題

問題山積の学級集団づくりですが，その中でも問題中の問題，学級集団づくりにおける最大の問題といえば何でしょう。

それは，みなさんがそれを

> 学んでいない

ことです。教員免許を取得するときに，「学級経営」という科目を履修したでしょうか。恐らくしていないはずです。なぜならば，現在の教員免許法において「学級経営」という科目は位置づけられていませんから。教育原理の中で「なんとなく」触れられている程度ではないでしょうか。

ちなみに学習指導要領を見てみてください。しっかりとした定義を見つけることができません。つまり，学級経営は法的定義も曖昧なのです。大学によっては，「選択科目」として設置されているかもしれません。しかし，選択であるということは，基本的にその内容は授業者に任されていて，「共通

に学ぶべきこと」が決められていないということです。

　大学の教員になったばかりのとき，学級経営を専門の一つとするある研究者と話をしました。そのときにこんな話を聞きました。「私たちは学級経営の枠組みは教えられるけど，中身は教えられないんだよね」と。できないことは「できない」と言い切る潔さと清々しさを感じると同時に，

> ✦ 学級経営を知らなくても教員免許がとれる

ことを再認識しました。新採用の先生方は，「やるべきこと」を学ばないまま，学級経営においては「丸腰」の状態で現場に送り出されるわけです。

　「若い先生の学級が混乱する」とよく言われますが，それも無理のないことのように思います。また，それは教員養成だけの問題ではなく，現職教育においても，どれくらいの学校が学級経営をその学びに組み込んでいることでしょうか。校内研修のテーマはほとんど，指定されたテーマか学力向上に関わることでしょう。研究指定で学級経営が設定されることはほとんど聞いたことがありません。

　結果的に，何年教職を経験しようが，どんなにベテランになろうが学級経営に関することは経験則に頼らざるを得ません。経験則は，一人ひとりの教師にとっては真実でも，他の教師にとってはそうでもない場合が圧倒的に多いのです。自分がやってうまくいった方法そのものが，他の教師を助けるかというと，確率はそう高くはないわけです。学級崩壊のような現象が起こってもなかなか他の教師が支援できないのは，システム上の問題もありますが，どう支援していいかわからないという内容上，方法上の問題もあります。

🏫 ③ 学級経営と学級集団づくり

　学級経営の話をしていて，はっきりしないのが，学級づくり，学級集団づくり，集団づくりなどの言葉です。学級づくりと学級集団づくりと集団づくりは，場合によって，また，述べる人によって違うようですが，同義だと思

われます。本書では，学級づくりと集団づくりという言葉を合成し，学級集団づくりと呼ぶことにします。

　すると，学級経営と学級集団づくりは，どのような関係になるのでしょうか。河村茂雄氏は，学級経営を「日本では，学級集団育成，学習指導，生徒指導や進路指導，教育相談など，学級集団の形成維持と，学級の子どもたちにすべての指導・援助の総称」と説明します[8]。

　この説明から，学級集団づくりとは学級集団育成の機能に近いように聞こえますが，学級集団を育成するときに，学習指導や生徒指導などと無関係に行われることは考えにくいです。したがって，日本の教師たちは，あまり厳密な区別をしないで使ってきたのではないでしょうか。両者に明確な境界線があるわけでなく，学校生活全体を含めた運営面にフォーカスしたときにその営みを学級経営という言葉で呼ぶのが適切であり，子どもたちの集団化，組織化のように学級機能向上といった育成面にフォーカスしたときは，学級集団づくりと呼ぶのがいいのではないでしょうか。

　学級経営と学級集団づくりは，包含する要素で言えば前者のほうが広義ではあるものの，実態は明確な区別が難しいものであると指摘できます。先に紹介した研究者の「私たちは学級経営の枠組みは教えられるけど，中身は教えられないんだよね」との言葉は，「私たちは学級経営を説明することはできるけど，学級集団づくりを教えることができないんだよね」ととらえると，実にわかりやすいです。いずれにせよ，学級経営を学んでいないということは，学級集団づくりも学んでいないということなのです。

④ よい授業をすればよい学級ができるのか

　よく学級経営に理論がないと言われます。しかし，理論をもっている教師もいます。ただ，その学級経営の理論は，ほとんどが経験則です。皆それぞれの実践者独特の「個別のセオリー」と言えるでしょう。「個別のセオリー」は，個別の教師にとっては紛れもない現実であり，嘘ではありませんが，一

般化が難しいのです。だから，「チーム学校」などといって学校体制で授業改善をしようと言ってもうまくいかないのは，教科指導の基盤となる学級経営の部分でそれぞれが独自の思いをもっていて，ベクトルが定まらないからです。

 学級経営は，それぞれの教師の文化論によって成り立っている

わけです。

　経験則といえば，若手に対してベテランからこのような指導が入ることがあります。

「よい授業をすればよい学級ができる」

　今ベテランとなっている教師も，若い頃そうやって指導されたのではありませんか。かく言う私も，その一人です。このフレーズは嘘ではありませんが，学級崩壊が顕在化した2000年以降はかなり一般化が難しくなったと指摘できます。

　私は，1989年から2008年まで小学校の教員をしていました。その中で何度か学級崩壊と呼ばれるような，著しく機能が低下している集団を担任しました。ある年，担任した6年生は，出会いの日に着席していたのは，36人中8人程度でした。「席に着きましょう」と言っても，私がいないかのごとくずっと私語をしていました。そのような状況の中では，「よい授業を……」と言われても，空しく響くだけです。このフレーズは，学級崩壊などが顕在していなかった状況では，汎用性が高かったと言ってもいいでしょう。しかし，子どもたちが座席に着かない，教師の話を聞いていない状況，つまり，授業という土俵に上がらない状態では，適用が難しいものなのです。

 教員養成で学ぶ授業法などの知識は，子どもたち「全員が」「いつも」「教師のコントロール下に」あるときに適用できるものばかり

です。子どもたちは，「全員が」，そして，「いつも」「教師のコントロール下に」あるわけではありません。むしろ，そのような状況は稀です。そこで，

コントロール不能に陥ったときに，叱りつける，怒鳴るなどの方法論をとり，子どもたちのやる気を奪ってしまうのです。

アクティブ・ラーニングでいわれる主体的な学びの実現は，教科の専門性に縛られる話ではありません。また，単なる授業法の話でもありません。「一斉講義式で教師の想定内の学習を展開」していた子どもたちの学びを，「進んでかかわり合いながら教師の想定を超えるようなダイナミックな」ものにすることが求められています。つまり，授業法の転換ではなく，子どもたちの学習者としてのあり方の転換に関心が寄せられているのです。

では，子どもたちの学習者としてのあり方の転換を促すときに，まず必要なものは何なのでしょうか。それは，教師の描く学習者のイメージです。一例を挙げるならば，自分レベル（自分の学んだレベル）に引き上げる教育を志向するか，自分を超えるレベルを引き出す教育を志向するかです。前者の教師は，子どものパフォーマンスが教師の想定を超えないような授業をデザインし，それに伴うリーダーシップをとります。そして，後者はそれを超えるような授業のデザインとリーダーシップを選択することでしょう。つまり，

> アクティブ・ラーニングによる学びのあり方の転換は，教師のリーダーシップの転換が求められているとも言える

のです。

しかし，このリーダーシップについても，ご存知のように，教員養成でも現職教育でも扱われにくいテーマなのです。

> 教師は一人残らず指導者であり，リーダーであるにもかかわらず，教員養成時代にリーダーシップを学んだことがある人がほとんどいない

のです。このリーダーシップも学級経営の問題です。

教師は多くの場合，自分の専門性を表現するときに，「国語教師」「数学教師」「体育教師」などと教科名を使います。それは，これもまた多くの場合，取得している教員免許状からきていると考えられます。しかし，冒頭に述べ

たように，教員免許状取得の必修科目に学級経営というものがありません。つまり，教員免許状に，「国語」や「数学」はあっても，「学級経営」はないのです。学級経営は，教職において専門にはなっていないのです。専門性は，教師にとってアイデンティティになっていることがあり，それがプライドを形成します。「国語，数学などの教科を専門としています」と言うとなんとなくステイタスが高いように感じる人もいるようです。「専門は何？」と聞かれて，「学級経営」とか「集団づくり」とは答えにくい状況は，それが専門性とは認められていないからです。

　また，採用されると各学校の校務分掌を担い，その中で，教科部会に配属されます。また，各自治体の教育研究会に所属すると思います。しかし，そこでもほとんどの場合，学級経営部会はありません。自分の学級がどんなに大変な状況になっていても，部会があれば出かけていって，今の学級では絶対に実施できないような絵空事の指導案を検討しなくてはならないのです。

　学級経営が学ばれないのはこうした構造的な問題もあります。私たちが強く認識しなくてはならないのは，

> 教師は，教科指導をする免許を持ってはいるが，学級経営においては無免許

だということです。ペーパードライバーですらないのです。わが国の教員免許状は，教科指導免許状であり，学級経営をすることは，免許状外の営みになっています。

引用文献
＊8　河村茂雄『日本の学級集団と学級経営』図書文化，2010

第 6 節

学級崩壊サバイバル術

① 「コントロール不能」に陥るクラス

　「学級経営無免許状態」の教師たちにとって，1990年代後半から起こり2000年頃に顕在化してきた学級崩壊と呼ばれる学級の機能不全状態は衝撃だったと思われます。特に小学校の教師にとっては驚異だったと思います。まさに「お手上げ」だったと思います。なぜならば，これまで述べたように，想定外の問題だったからです。

　想定外と述べましたが，過去にも，子どもたちが教師の言うことを聞かずに，無秩序状態になったようなことがなかったわけではありません。1980年代の中学校と一部高等学校に起こった校内暴力と呼ばれる現象です。男子生徒は，頭にそり込みを入れた鶏の鶏冠のようなヘアースタイルをしたり，やたらと長かったり逆に短かったりする学ランに，ダボダボの，または，裾をギュッと絞り上げたようなズボンをはいたりしていました。女子生徒は，髪を染め，床を引きずるような長いスカートをはいていました。教科書やノートが一冊も入っていない（入らない）ぺちゃんこに潰した薄っぺらな鞄を持ち歩いていました。たばこやシンナーを吸ったり，学校の窓ガラスを割ったり，自転車で校舎内を疾走したり，消火器を噴射したりするようなこともあり，社会問題となりました。中学校の卒業式の日には，機動隊の車が出動するような地域もありました。

　しかし，これは先ほど述べましたが，反抗期真っ盛りの中学生や高校生に起こったことです。「あどけない」「かわいらしい」「天使のような」子どもたちの通う小学校を舞台にして，子どもたちが「コントロール不能」に陥る

など，一体誰が予想したでしょうか。「中学校は大変そうだから小学校にしておこう」と進路選択をした教師もいたことでしょう。

さて，この学級崩壊ですが，主な舞台は小学校でした。しかし，中学校が無縁だったかというとそうではありません。教科担任制である中学校ではどのようなことが起こっていたかといえば，授業崩壊です。つまり，ある授業は成り立ち，ある授業になると壊れるという状態です。

「想定外」だったからといって，教師は指をくわえて眺めていたわけではありません。いや，確かに，戸惑いました。私が最初にこうしたクラスを担任したのが，1990年代半ばです。「学級崩壊の走り」に出くわしたと言ってもいいでしょう。打開策を探しました。サークルで相談し，また，書籍を探しました。しかし，サークルでも誰も経験したことのない事態ですから，話を聞いて「体を壊さないようにね」と言ってもらえることで精一杯でした。いや，苦しさを聞いてくれる仲間がいただけでも幸せだったかもしれません。また，本屋さんに行っても，個別の生徒指導事案を扱った事例集はありましたが，クラス全体が混乱状況に陥っている場合の書籍は，見当たりませんでした。恐らく関連の書籍が出版され始めるのが，1990年代の終わりです[9]。当時は本当に情報がありませんでした。それでも，解答を見つけ出さなければならないのが現場の教師です。私と同じような状況にあった教師たちは一人二人ではないと思います。やがて，実践が進むにつれて，試行錯誤が活字となって現れ始めました[10]。研究者たちもこの現象に関心をもち積極的な発信が起こってきたと思います[11]。

② 伝統的学級崩壊

そのような状況の中で教師は，どのようにしてこの事態を乗り切ろうとしたのでしょうか。いくつかの学級崩壊の事例を見てきて，学級集団づくり受難の時代を，教師は次のリーダーシップタイプで乗り切ろうとしてきたと整理しています。

みなさんはどちらのタイプでしょうか。

 北風型リーダーシップですか，太陽型リーダーシップですか。

　「北風と太陽」とはもちろん，有名なイソップ寓話のことです。よく物事に臨む態度のたとえとして使われます。北風は，人に何かをさせようとするときに，罰や強制で対応する態度であり，それに対して太陽は，寛容さや優しさで対応する態度のことです。かつての私がそうだったように，これまでに見られなかった状況を目の当たりにして教師は，「今まで通りのやり方」では，うまくいかない事態に直面しました。

　教室の混乱状況を学級崩壊と言ってきましたが，学級崩壊は主にマスコミでよく聞かれる言葉であり，同様の現象を国立教育政策研究所の学級経営研究会では，「学級がうまく機能しない状況」と表現しています。これは，「子どもたちが教室内で勝手な行動をして教師の指示に従わず，授業が成立しな

いなど，集団教育という学校の機能が成立しない状態が一定期間継続し，学級担任による通常の手法では問題が解決できない状況に立ち至っている場合」を指します[12]。公的には，この定義を使用したほうがいいのでしょうが，学級崩壊は既に教育界に浸透し，使い勝手がいいので，学級の機能不全を学級崩壊と表現したいと思います。

また，尾木直樹氏は，この現象を「小学校において，授業中の立ち歩きや私語，自己中心的な行動をとる児童によって，学級全体の授業が成立しない現象」と定義しています[13]。尾木氏は，学級崩壊の今日性を強調し，中高大で以前から見られていたような，授業成立が困難な状況と区別するために，小学校における現象と限定していますが，学級全体に対する教師の指導力の解体現象ということでは，小学校以降の校種で見られる現象と共通していると言っていいだろうと思います。

つまり，

 学級崩壊は，端的に言えば，その根本は「教師の学級全体に対する指導性の解体」にある

と言えるでしょう。現場の教師は，それを意識しようがするまいが，そのことを言語化できていようがいまいが，明日の教室，いや，今日，今の教育活動を成り立たせるために，目の前で「勝手な行動」をする子どもたちに対して，「指導性を確立」しなくてなりませんでした。そこで，教師たちがとった戦略がリーダーシップの変換です。

それは，ある日突然起こったのではなく，緩やかにジワリジワリと進行したと思われます。その方向性として指摘できるのが，「北風型」と「太陽型」です。この2つのリーダーシップが妥当であることは，学級崩壊が起こり始めた頃の典型的な学級崩壊が，2つのパターンからなることからわかります。河村氏はそれらを，「反抗型」と「なれ合い型」と名付けています[14]。

「反抗型」は，「知識や技能，基本的な生活態度をしっかり身につけさせようという指導に，子どもたちが息苦しさを感じ，先生に反抗する」というも

のです*15。また，「なれ合い型」は，「先生と子どもの仲がいいだけで，子ども同士は他人のままで時間が経過し，小さなトラブルが積み重なって学級がバラバラになってしまうもの」です*16。

　ここで重要なのは，

> どちらのタイプになるかは，子どもたちが決めているのではなく，教師のリーダーシップによって規定される

ことです。河村氏によれば，「反抗型」は指導的なタイプの教師，また，「なれ合い型」は援助的な教師によって引き起こされます*17。実際の教師は，指導と援助を組み合わせて教育活動を行っているわけです。しかし，教師の意図がうまく子どもたちに伝わらず，子どもたちが教師のリーダーシップを，「指導的」ととらえると「反抗型」となり，「援助的」ととらえると「なれ合い型」となると考えられます。

　それぞれのリーダーシップで，崩れてしまった場合はそれぞれ「反抗型」，「なれ合い型」学級崩壊となります。しかし，失敗例があれば成功例もあります。それぞれのリーダーシップで，うまくクラスを治めてしまう場合もあるわけです。河村氏の言う，指導的タイプ，援助的タイプはそれぞれ，北風型リーダーシップ，太陽型リーダーシップと根本は同じものと言っていいでしょう。しかし，これらのリーダーシップで，クラスを治めることに成功する場合もあります。

③ 学級をコントロールすることに成功する3タイプ

　それが，次ページの図1-5です。北風型で教室をコントロールすることに成功する教師は，「専制君主」ならぬ「先生君主」となります。これは管理や指導を徹底し，かつて批判された「学級王国」のような状態をつくり上げてしまう教師のことです。このクラスは，一見とても統制がとれています。教師の号令一下で，動くことができるのでとてもまとまっているように見え

ます。子どもたちはさぞかし我慢しているかのように思われますが，意外と子どもたちはそこに馴染んでいることがあります。教師の「支配したい欲求」と子どもたちの「支配されたい欲求」の需給関係が一致したときに，こうした状況がつくられることがあります。管理の強化による，集団のコントロールの成功例と言えます。

　また，一方で，太陽型でコントロールすることに成功する教師は，「人気者先生」になります。にこやかで子どもたちをゲラゲラ笑わせます。授業も子どもたちを喜ばせる内容を用意して，子どもたちを引きつける授業をしようとします。教室のルールはゆるめです。トラブルもよく起こりますが，教師のことが好きなので，教師がいればルールを守るし，トラブルも解決されます。教師の人間的魅力で集団をコントロールする成功例と言えます。

　しかし，近年は，このどちらのタイプとも言い切れないリーダーシップでクラスをコントロールする場合が見られるようです。両者のハイブリッドタイプとも言うべきでしょうか。

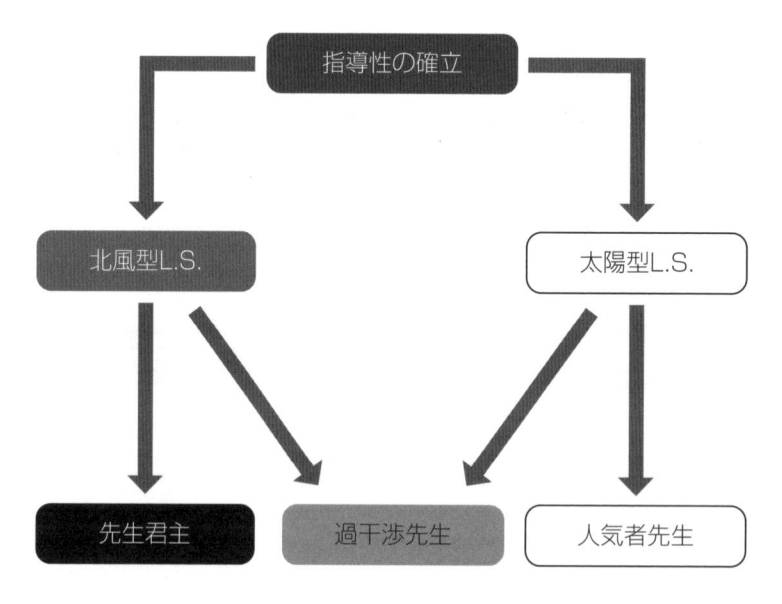

図1−5　クラスを「コントロールする」リーダーシップタイプ

三つ目のタイプとして挙げられるのが「過干渉先生」です。「先生君主」を「強い管理型」とすれば，こちらは「細やかな管理型」とでも言いましょうか。これは，強い圧力によるものではありません。しかし，着実に子どもたちの生活や学習を管理しています。それは，登校した瞬間から帰るまで，教師が事細かく説明や指示，口出しをするという形でなされる管理のことです。この先生は，一見面倒見がいいので，保護者からは「熱心な先生」として評価されることがありますが，学年が上に上がれば上がるほど，子どもたちはしんどくなります。

　教師の目が，行きわたりすぎているのです。社会の変化により，子どもたちに失敗をさせることが許されなくなりました。学校や教師に対する保護者の目も厳しくなりました。よって，教師は子どもたちが迷わないように，間違わないように微に入り細にわたり，目を光らせ，指示をしなくてはならなくなりました。素直で従順な子どもたちほど，自分たちで考えなくなり，受け身になり，自ら発意して行動するようなことが少なくなりました。

引用文献

＊9　　朝日新聞社会部『なぜ学級は崩壊するのか』教育史料出版会，1999

＊10　　向山洋一編著『学級崩壊からの生還』扶桑社，1999

＊11　河村茂雄『学級崩壊に学ぶ』誠信書房，1999

＊12　学級経営研究会「学級経営をめぐる問題の現状とその対応：関係者間の信頼と連携による魅力ある学級づくり」文部省委嘱研究（平成10・11年度），2000

＊13　尾木直樹『「学級崩壊」をどうみるか』NHK 出版，1999

＊14，＊15，＊16，＊17　河村茂雄『学級崩壊　予防・回復マニュアル』図書文化，2000

第 7 節

指導性の高い教師の陥る罠

1 よいも悪いも教師次第

　教師が「今を成り立たせるため」に，試行錯誤でたどり着いた３つのサバイバルタイプですが，それぞれに強烈なリーダーシップ故に，下記に示すような新しい問題を引き起こしています。

　学級集団は，教師と子どもたちの関係だけではなく，子ども同士がつながっている状態のほうがより機能するわけですが，教師の指導性の強いクラスでは，教師と子どものつながりの形成の段階で留まっているクラスが見られます。すると，どんなに落ち着いていたように見えても，教師と個々の子どもしかつながっていませんから，担任が替わった途端に学級が荒れるということが起こりやすくなっています。

　つまり，学級の人間関係が教師を鵜匠とした鵜飼いのようになっているわけです。これは小学校だけのことではありません。中学校でも，子ども同士の関係ができていないと，特定の教科で授業が成り立たなくなるということが起こります。鵜匠になれる教師の授業は成り立ち，それができない教師の授業は荒れるのです。いわゆる，授業崩壊の状態です。

> 学級集団の状態が「よいも悪いも教師次第」

になっているのです。学級集団も人間関係でできていますから，ある程度，リーダーによって影響を受け，行動が異なることは致し方ないことです。しかし，それが授業成立にまで影響を及ぼすほどになると，結局，不利益を被るのは子どもたちです。

② 「子ども不在」学級

　クラスの子どもたちの居心地のよさを測定する Q-U（河村茂雄，図書文化）という調査用紙があります[18]。子どもたちの適応感を測定するために活用している学校や地域もあることでしょう。校内研修などでそれらを見せていただくことがあります。学校によって多少の違いがありますが，子どもたちの7割以上が居心地のよさを感じている満足型学級は，少数です。ほとんどの学級では，満足感を感じている子どもたちが3割から5割くらいで，満足度が高いとは言えない状況です。河村氏の調査では，満足型学級の出現率は，小学校で29.9%，中学校で26.6%と3割弱です[19]。あとの7割強は，教師の指導性の「強い管理型学級」か，ゆるみの見られる「なれ合い型学級」です[20]。

　多くのクラスが，目に見えて荒れていないので，意図的に学級集団づくりがなされているわけではありません。一見したところ，教育活動が成り立っています。教師の言うことを聞いている状態だから，なんとかクラスとしての体裁を保っている状態です。集団としてはとても脆弱な状態です。小さな矛盾が積み重なり，後半になるとしんどくなるクラスが出てくることが予想されます。

　教師は「自分のクラスは，それほどいいわけではないが，そう悪くもない」と思っている状態です。しかし，そこには子どもたちの充実感や満足感といったものは，考慮されることなく，あくまでもオプションです。教師が，子どもたちのそれらを無視しているわけではありません。しかし，

 教育活動を進めることが重視され，子どもたちの充実感や満足感の優先順位が下がっている

状況なのです。「子ども不在」の学級経営と言ったら，言い過ぎでしょうか。

③ 「静かなる」崩壊

　典型的な学級崩壊は，「反抗型」「なれ合い型」と呼ばれるものだと述べました。再掲すると，前者は文字通り，子どもたちが教師に反抗的行動をとります。「教師いじめ型」などと呼ばれることもありました。それに対して，後者は，なんとなくルールがなし崩し的に守られなくなり，なんだか楽しくやっているように見えますが，正義が通らなかったり，温かな関係が希薄だったりして集団として機能しない状況になっているものです。

　それに加えて近年見られているのは，

> ✦ 静かなる荒れ

と呼ばれるものです。学習や活動に対して極めて低意欲な子どもたちが目立ち，その中で教師は孤軍奮闘しています。全員が着席をして，ノートや教科書を用意している姿も見られます。しかし，シラッとしてダラッとしていて，教室にメリハリや活気が感じられません。

　ここまで述べてきた状況は，単独で起こっているのではなく，すべてつながっていると見ています。社会の変化や子どもの育ちの問題から，教師は，統制を強めたり，強烈に引きつけたり，子どもたちの学校生活の隅々まで口を出すなどの指導性の強化を図らねばならなくなりました。すると，教師が意図する，しないにかかわらず，鵜飼い型構造の関係が強まり，子どもたちの，自分たちで判断し行動する力が弱まり，受け身になります。受け身の子どもたちは，ただ教師の提示する状況の中で，低い意欲や少ない充実感とともに，生活と学習を繰り返します。隅々まで管理された教室では，大抵の場合，大きな問題は起こりません。したがって，手間のかかる集団づくりにあえてコストをかけようとすることはなく，日々を流そうとするような学級経営も出てきます。

　学力向上に関心が寄せられる中で，教師の関心は，どうやってテストの数

値を上げるかに向けられがちになります。結果的に，学級集団づくりに取り組んだり，それを学んだりすることが後回しになってしまいます。指摘したような学級集団づくりにおける問題点に加えて，それを改善する取り組みの優先順位が上げられない状況があることも，問題の一つとして指摘できるでしょう。

　しかし，私はこれらのリーダシップを一概に否定しようとは思いません。学級をまとめようと思ったら，強制や干渉を強めたり，子どもたちを引きつけることに心血を注ぎたくなる心情はよくわかります。何といっても，集団を育てるための考え方や技術を学んでいなかったら，指導性を強めて，力技でなんとかしようと思うことは当然のことです。それに，学級崩壊のような状況を担任することになったら，藁をもつかむ思いでやれることをやろうとするのは，私の実体験からもよく理解できます。学級崩壊と向き合うことは，自分が切り刻まれるような切ない時間です。

　問題は，「先生君主」「人気者先生」「過干渉先生」になることそのものではありません。荒れ気味でクラスを統制できない，教師の話を聞かない，放っておくとすぐに逸脱してしまいがちになるなど学級集団づくりの導入段階では，リスクが数多く存在します。だから，導入段階では，「すべてあり」だと思います。ただ，

> ★ 指導性の強い教師で居続けることが問題

なのです。

　教師一人ひとりにやりやすいリーダーシップがあります。だから，クラスとしての体裁をつくるためには，どれを選択してもいいと思うのです。しかし，そのままにしておくと，子どもたちの意欲は育ちません。教師が指導性の高い状態で居続けることによって，子どもたちの意欲を奪ってしまうことが問題なのです。それらのリーダーシップは，教師の言うことを聞かせることを志向して，子どもたちの主体性を尊重することに関心が向いていません。子どもたちの有能感を高めるよりも教師への依存性を高めます。また，教師

との関係性が優位で，子ども同士の受容的関係を育てることが難しいからです。

 ## ④ 「奇妙な状態」の出来上がり

　河村氏によれば，1980年代に激増した不登校や2000年前後から顕在化した学級崩壊は，管理型の指導によるものとして世間の反発を受け，小学校では「なれ合い型学級」が増えたと言います[21]。しかし，中学校では依然として「管理型学級」が多いとも指摘しています[22]。ということは，小学校では「人気者先生」になる傾向が進み，中学校は「先生君主」であり続ける傾向が進んだということでしょうか。

　そうは言うものの，PISA2012の「学校における学習環境の調査」によると，子どもたちと教師の関係性は2003年の調査時と比べて良好になっていることが指摘されています[23]。「生徒は，たいていの先生とうまくやっている」，「たいていの先生は，私を公平に扱ってくれる」，「助けが必要なときは，先生が助けてくれる」，「たいていの先生は，こちらがいうべきことをちゃんと聞いている」度合いが高まっていて，5つの調査項目のうち，4つの項目においては，他国の平均と並びました。

　調査対象が15歳であることを考えると，小学校だけでなくそれ以降の学校種でも，教師の子どもたちへのかかわり方は，変化していると言っていいでしょう。

> ✦ わが国の教師のリーダーシップは，管理統制型から，子どもたちと良好な関係をつくろうとする親和型に変わってきている

ことが指摘できるでしょう。

　しかし，その「良好さ」が気になるところです。松崎学氏は，小学校において教師は一人ひとりの児童へのかかわりの量的増大が意識されているが，「そのかかわりの質的な変容に関する意識は乏しい」と言います[24]。松崎氏

は，1990年代の子ども主体の教育が求められる中で，教師は，子どもたちの関係性において，支配と服従の間の「ちょうど良いところを見出す作業に戸惑っていた」と指摘します[25]。

　こうして考えると，学級崩壊が顕在化してきた頃の教師は，これまでのやり方が通用しない事例を見聞きし，子どもたちとのかかわり方を変換することを迫られていたのではないでしょうか。しかし，明確な解はなく，それでもなんとか学級集団を治めねばならなかったのでしょう。

　ある教師は，指導性の強いアプローチで子どもたちを管理することを選択し，またある教師は，子どもたちと親和性を高める方向を志向し，場合によってはなれ合いのような状態をつくりながら学級の体を守ったということは想像に難くはありません。その一方で，落ち着いた地域で従順な子どもたちと過ごしていた教師は，学級崩壊と聞いてもどこか現実味がなく，特別に学級集団づくりやリーダーシップなどというものを意識しなくても普通に教育活動を展開できていたのかもしれません。

　しかし，はっきり指摘できることは，

 いずれの場合も子どもたちのやる気を高めるには至らなかった

ということです。だからこそ，「学力が高いのにもかかわらずやる気が高くない」という「何とも奇妙な状態」が出来上がってしまったのではないでしょうか。

引用文献

＊18　田上不二夫監修，河村茂雄『Q-U（Questionnaire-Utilities）楽しい学校生活を送るためのアンケート』，図書文化

＊19，＊20，＊21，＊22　河村茂雄『データが語る①学校の課題』図書文化，2007

＊23　OECD 生徒の学習到達度調査（PISA）2012

＊24，＊25　松崎学「学級機能尺度の作成と3学期間の因子構造の変化」山形大学教職・教育実践研究1，2006

第 **8** 節

主体的な集団

① 長きにわたって削ぎ落とされてきたやる気

　主体的な学びが実現できるクラスとはどのようなクラスなのでしょうか。単なるペア学習やグループ学習ではない，真のアクティブ・ラーニングが成り立つクラスとはどのような集団なのでしょうか。

　これまで考察してきたように，誤解を恐れずに言えばわが国の先生方は，

> ◆　子どもたちの主体性を尊重したり，やる気を引き出したりすることがとても苦手

なのです。1980年代に校内暴力で全国の中学校や一部の高等学校が荒れたことは既に述べました。それをどのように対応したかと言えば「徹底した管理教育」でした。すべての学校にとは言いませんが，ジャージを着て竹刀を持った教師が校内を巡回しているのはよく見られた光景です。かなり高圧的な態度で教師が子どもたちに臨みました。「その甲斐」あって，校内暴力は数年で沈静化します。

　このことからわかるのは，わが国の学校教育は少なく見積もっても，ここ30年以上の間，子どもたちを管理することによって，維持されてきたということです。先述した「先生君主」はもちろん，「人気者先生」も「過干渉先生」も，スタイルを変えた管理です。教師の強い指導性を志向したリーダーシップであることには変わりありません。つまり，

> ◆　30年以上の間，子どもたちのやる気や主体性に背を向けてきた

のです。30年以上の長きにわたって，子どもたちの主体性は削ぎ落とされてきたのです。子どもたちの学習に対するやる気が低いのは考えてみれば当たり前の話なのです。

そんなわが国の学校教育が，アクティブ・ラーニングをするといっても，子どもたちの主体性を尊重するような学習が展開できるのでしょうか。

② アクティブ・ラーニングを実現する集団

主体的な学びやアクティブ・ラーニングなどというと，これまでにない全く「新しいもの」「外国から入ってきたもの」という印象があるかもしれませんが，本当にそうでしょうか。むしろ逆ではないでしょうか。子どもたちが主体的に学ぶ集団は，新しいものでも外国から入ってきたものでもありません。わが国の教師たちがもともと願っていたものと指摘できます。

それが自治的集団と呼ばれる集団のあり方です。

河村氏は，「指導－教わるという縦の役割関係が良好に成立している集団を単純によい学級集団と日本の教師は捉えていない」とした上で，「子どもたちの自主的・自治的な活動で学級集団が運営されていくのを是とする傾向がある」と言います[26]。

わが国の教師は，伝統的に，子どもたちが自ら学ぶ集団，つまり，自治的集団をつくることを志向していました。読者のみなさんもそうではありませんか。教師の言いなりになって動く集団よりも，自ら考えて，組織的に動くような集団を育てたいと思っているのではありませんか。では，自治的集団とは具体的にはどのような姿なのでしょうか。河村氏によれば，「学級のルールが児童生徒に内在化され，一定の規則正しい全体生活や行動が，温和な雰囲気の中で展開される。さらに，課題に合わせてリーダーになる子どもが選ばれ，すべての子どもがリーダーシップをとりうるようになる。学級の問題は自分で解決できる状態である。児童生徒は自他の成長のために協力できる状態にある」と言います[27]。

③ わが国の教師が追い求めてきたもの

　この自治的集団を，アクティブ・ラーニングの観点で見直してみたいと思います。

> 「学級のルールが児童生徒に内在化され，一定の規則正しい全体生活や行動が，温和な雰囲気の中で展開される」

　これは河村氏が先駆的に主張してきた，わが国における学級集団が成立する必要条件です。ルールとリレーションの確立という言葉を聞いたことがある人も多いことでしょう。子ども集団がクラスとして機能するためには，集団規範の共有と温かな人間関係の醸成が不可欠です。ルールと良好な人間関係のないところで，子どもたちは安心感をもって学べません。自治的集団は，その必要条件の上に成り立つ集団です。詳細は次節で触れます。本節で注目したいのはここからです。

> 「課題に合わせてリーダーになる子どもが選ばれ，すべての子どもがリーダーシップをとりうるようになる」

　これは，子どもたちの関係性が対等であることを示しています。対等性に欠く集団は，活躍する子，目立つ子が決まっていて，光の当たる子は光を浴び続け，光の当たらない子は，ずっと影に回ります。そういう時間の中で，知らず知らず子どもたちの中に階層が生まれることでしょう。しかし，自治的集団では，誰もが注目を浴びる機会を得ることができます。

> 「学級の問題は自分で解決できる状態である」

　これは，言うまでもなく子どもたちの主体性が確保された姿です。学級の問題が起こったときに，教師の指示で決着する集団と子どもたちが話し合うなどして解決する集団ではどちらが主体的かといったら，問うまでもありま

せん。主体性のある子どもたちは，自分たちの生活において決定権をもっています。

> 「児童生徒は自他の成長のために協力できる状態にある」

これは余計な説明は要らないでしょう。アクティブ・ラーニングには協力のための，知識，技能が必要です。また，協力することに対する肯定的な感情が必要です。嫌々やっていたら主体的な学びになるはずがありません。ここで述べられている主体性と対等性，協力的な関係には密接な関係があります。私たちが複数のメンバーで何かに取り組むときに，メンバーのやる気に強く影響することの一つに対等性があります。あなたが，数人でプロジェクトにかかわることになったときに，ある人が主導権を握ってぐいぐい進めたら，あなたのやる気はどうなるでしょう。主体性が奪われて，やる気を失ってしまうのはよくあることです。対等に関与することは私たちのやる気に深く関わっています。対話とは，問題や課題の解決に向けた対等関与による協働の作業だと言えます。

片方が話し続け，一方が聞くばかりだったら，双方向性のやりとりにはなりません。しかし，実際には人には得意不得意がありますから，ある場面では活躍する者，活躍できない者が出ることは仕方がないでしょう。しかし，場面場面によって活躍する者が交代できたら，互いの活躍を尊重できることでしょう。自治的集団は，対等な関係性に基づく協働的な関係があると考えられます。

そうは言うものの，「自治的集団なんて理想だ」と諦めたくなる人もいるかもしれません。また，「それは古き良き時代だからできたこと」と，絵に描いた餅だと決めつけたくなるかもしれません。しかし，自治的集団の育成は，決してノスタルジックな話ではありません。実に現代的なニーズに合致しているのです。

次期学習指導要領で求める資質・能力の3つの柱があります。

> ①　「何を理解しているか，何ができるか（生きて働く「知識・技能」の習得）」
> ②　「理解していること・できることをどう使うか（未知の状況にも対応できる「思考力・判断力・表現力等」の育成）」
> ③　「どのように社会・世界と関わり，よりよい人生を送るか（学びを人生や社会に生かそうとする「学びに向かう力・人間性等」の涵養）」

です。この中で③は，「①及び②の資質・能力を，どのような方向性で働かせていくかを決定付ける重要な要素であり，以下のような情意や態度等に関わるものが含まれる」と言います。

> ・主体的に学習に取り組む態度も含めた学びに向かう力や，自己の感情や行動を統制する能力，自らの思考の過程等を客観的に捉える力など，いわゆる「メタ認知」に関するもの。一人一人が幸福な人生を自ら創り出していくためには，情意面や態度面について，自己の感情や行動を統制する力や，よりよい生活や人間関係を自主的に形成する態度等
> ・多様性を尊重する態度と互いのよさを生かして協働する力，持続可能な社会づくりに向けた態度，リーダーシップやチームワーク，感性，優しさや思いやりなど，人間性等に関するもの
> （文部科学省中央教育審議会初等中等教育分科会教育課程部会「次期学習指導要領等に向けたこれまでの審議のまとめについて（報告）」2016年8月26日より）

　①と②の能力・資質は，③に向かうものなのです。③を実現するために必要なものという設定です。メタ認知能力やセルフコントロールの力，生活や人間関係を築く力，協働力，リーダーシップ，チームワーク，思いやりなどをそれぞれバラバラにスキル・トレーニングや個別の活動で鍛えるでしょうか。そんなことをしたら効率が悪いどころか，限定された時間の中ではとても実現しようがありません。

マラソンランナーは強靭な体力や高度な心肺機能を獲得するために高地トレーニングをします。複数の筋肉や高度に組織化された循環器の機能を高めるためには，パーツパーツの動きを高めるよりもそれが身につく環境に身を置いて「丸ごとごっそり」鍛えることが最も効果的なのではないでしょうか。

自治的集団では，日常的に力を合わせて問題解決をします。そのような環境の中で，協働力やリーダーシップやチームワークなどのかかわりを経験します。人と効果的にかかわるためには，当然，セルフコントロールやそれに伴うメタ認知も行う必要が出てきます。自治的集団としての子どもたちの学校生活は，自己決定感や有能感，そして，他者受容感といった主体性や学習に対する意欲などの複数の要因からなる能力を「丸ごとごっそり」高めることが期待できます。

 自治的集団は，学びを人生や社会に生かそうとする「学びに向かう力・人間性等」を学ぶ機会が必然的に設定される

のです。

河村氏の定義だけ見ると，自治的集団の姿は，学級活動や児童会，生徒会といった行事などの教科指導外の時間において，交代で活躍したり，協力したりするというイメージをもつかもしれません。もちろん，そういう側面ももちますが，生活や特別活動の場面だけで，やる気があって協力的で，教科指導の時間は，やる気がなくバラバラなんてことがあるでしょうか。また，教科指導の時間はやる気があって協力的だが，生活や特活場面ではやる気がなくバラバラなこともあるでしょうか。学習や特活は，学校生活の一部です。一部分だけやる気が見られているとしたら，それは，教育活動が教師主導になっているからです。教師の関心や教師の振る舞いによって，子どもたちがやる気を出す場面を使い分けているだけです。本当の主体的で協働的な集団は，学校生活そのものが主体的で協働的になっているはずです。

アクティブ・ラーニングで求められる子どもたちの姿は，わが国の教師たちが追い求めてきた自治的集団の姿そのもの

と言っていいでしょう。つまり，わが国の教師の多くは，ずっと主体的な子どもたちの育成を志向してきたと考えられます。しかし，1980年代から吹き荒れた校内暴力，それが収まると同時に起こってきた深刻ないじめ，不登校の増加，そして，学級崩壊などの問題により，教師が願っていた自治的集団への志向性は薄れ，学級集団づくりが学ばれない状況にあることがさらにその傾向に拍車をかけていると言えます。

　アクティブ・ラーニングの視点による授業の改善は，教員養成から現職教育にわたる教師教育にかかわり，大きな意識改革の必要を迫っているようです。

引用文献

*26，*27　　前掲＊8

第 9 節

自治的集団育成の道筋

① 「学級崩壊」の功績

　ここまで何度か学級崩壊に触れました。学級全体が機能不全に陥る状況は，教育関係者に大きな衝撃を与えました。尾木氏は，「小学校であること」「授業不成立の現象であること」「クラス全体の問題現象であること」に注目して，その今日性や，特殊性を指摘しました[*28]。それまで世間一般では，小学生というと「かわいらしい」「あどけない」といった形容詞が付くのが普通だったと思います。その天使たちが，教師の言うことを聞かずに，授業中に立ち歩き，私語をし，備品を壊し，反抗的な言動をとるという状況が，あちこちで見聞きされるようになったのです。マスコミが，「学級崩壊」などとショッキングな名称を付けたのも理解できます。

　尾木氏が小学校を強調したのは，社会に対する問題提起をするためだと考えられます。学級崩壊が起こるまで，小学校は世間から天使たちの集まる「楽園」だと思われていたところがあります。しかし，現場の教師はそういう実態ばかりではないことはわかっていたわけですが，世の中の認識はそうだったのだろうと思います。だからこそ，衝撃が走ったのです。

　ただ，学級全体における授業不成立状況というふうにとらえると，これは，中学校以降にも見られる現象と共通しているのではないでしょうか。講義中に，スマホを見たり，居眠りをしたり，私語をしている大学生は珍しくありません。これなども学級崩壊と同様の性質をもっています。学級崩壊が大きく話題になったのは，小学生は教師の言うことを聞いて当たり前であり，一方で，それ以上の発達段階では，教師の言うことを聞かない事態もあるだろ

うな，というステレオタイプな子ども観があるのでしょう。いずれにせよ学級崩壊という現象は，発達段階にかかわらず子どもたちは教師の言いなりにはならないものであることを多くの人に知らしめたことは間違いありません。

　しかし，一方で，その「学級崩壊」が，学級集団づくりに関して大きく貢献したところもあると思っています。それは，

> ★ 学級集団づくりの実践と研究を進める推進力になった

ことです。それまで生徒指導の一部分のようにとらえられたり，困った子どもたちへの対応として語られていた学級集団づくりが，一躍多くの教師の関心の中心となりました。また，実践者だけでなく学者もその分析や克服に乗り出し，学級集団づくりをテーマとした研究が数多く発表されました。そうした過程で，カウンセリングを学ぶ教師が増えたり，教育書のコーナーでは学級集団づくりに関する書籍が，書架の多くの面積を占めるようになりました。

　その中でも，学級崩壊が顕在化して以降の学級集団づくりに最も貢献した主張の一つが，本書でも度々引用してきた河村氏の学級集団づくりの必要条件ではないでしょうか。かなり汎用性のあるものだととらえています。

2 学級集団づくりの基盤をなす2つの要素

　学級集団づくりの基盤は，「ルール」と「リレーション」と，今ではよく聞かれるようになりました[29]。このルールの定着とリレーションの形成が高まると，学級は自治的集団として機能するようになります。

【ルール】
　集団内に，規律，共有された行動様式がある。
【リレーション】
　集団内に，児童生徒同士の良好な人間関係，役割交流だけでなく感情交流

も含まれた内面的なかかわりを含む親和的な人間関係がある。

それでは，ご自身の学級をこの2つの観点で振り返ってみませんか。

❶ あなたのクラスは，ルールが守られているか

　クラスのルールはどんなところから，守られなくなるでしょうか。提出物を出さなくなる，授業の開始時刻に遅れるなどでしょうか。一言でルールと言っても漠然としていますから，分類してみたいと思います。このときに，森信三氏の，「職場再建の三原則」が役に立ちます。「時を守り，場を清め，礼を正す」という有名な言葉です[30]。これを社訓のようにして，徹底を図る事業主さんもいるようです。また，中学校などにお邪魔するとこれが全校に掲示してあったりします。職場とは，目的を達成するための機能的な集団ですから，学校やクラスとも共通している部分が見られます。したがって，森氏の指摘は，学級集団づくりにおいても妥当なものだと言えます。

　私は，それを

 時ルール，場ルール，人ルール

と呼んでいます。みなさんのクラスのルールをこの3つの観点で振り返ってみたらいかがでしょうか。

　「時ルール」は，時間に関するルールです。子どもたちは，学校生活において時間を守っているでしょうか。始業時刻，下校時刻を守ることはもちろんですが，提出物をいついつまでに出すというのもこれに含まれるでしょう。

　「場ルール」は，教室内にゴミが落ちていないか，教室の物品は整理されているか，机の引き出しやロッカーの中は整頓されているかなどです。また，清掃にしっかり取り組まないなども，清掃に対する意識が低いとするとここに含まれるかもしれません。

　最後は，「人ルール」です。これは人に対する言葉遣いや態度が礼儀に欠けるものになっていないかです。教室で乱暴な言葉が飛び交うようになって

はいないでしょうか。思いやりのある言葉遣いがなされているでしょうか。

　順番で言えば，「時ルール」や「場ルール」が破られることが先で，「人ルール」が破られるのは，その後の場合が多いようです。したがって「人ルール」が破られるようになっているということは，前の２つのルールが既に破られている可能性が高いです。ただ，今はネット上のやりとりもありますから，見えないところでは，順番が逆になることも容易に想定できます。日常の学校生活は全く普通に見えるのに，見えないところでいじめが進行しているなんてことはよくあることです。大事なことは，子どもたちの生活をこれらの観点で多面的にとらえていくことなのではないでしょうか。

❷ あなたのクラスは，リレーションが形成されているか

　「内面的なかかわりを含む親和的な人間関係」といっても，具体的イメージでとらえにくいかもしれませんね。具体的イメージができないなら，感覚的にとらえてみましょう。子どもたちの人間関係は，教室の雰囲気に現れます。私は次のようにとらえています。

教室の雰囲気の温かさ

です。あなたのクラスは温かい雰囲気がありますか。

　みなさんが，人間関係において温かさを感じるときはどんなときですか。それは，きっと，自分の感情をわかってもらったときではないでしょうか。嬉しいときには，「よかったねぇ」と言って一緒に喜んだり，拍手をしてもらったり，悲しいときには，「残念だったねぇ」と一緒に悲しみ，悔しがってくれたりするとき，温かさを感じるのではありませんか。つまり，共感的関係があるときに私たちは温かさを感じることでしょう。共感的関係がある仲間をここでは「味方」と呼びたいと思います。

　では，味方はどれくらいいればいいのでしょうか。河村氏は，何でも話せる友達の数と心理的特性の関係について調査に基づき言及しています[31]。河村氏によれば，「何でも話せる友達が６人以上いる子どもは自信があり積

極性が高く，人のために行動する気持ちが高くなっている」と言います[*32]。「何でも話せる友達」が，即ち味方とは限りませんが，類似した存在であることはそう無理がない想定だと思われます。

　河村氏が調査した2005年当時は，1学級における子どもたちの平均在籍数は，小学校が26.1人，中学校が30.7人です[*33]。そうすると単純に計算して，それぞれの6人という数は，小学校で約23％，中学校で約19.5％となります。すると，

> クラスの約2割程度が味方であるときに，子どもたちは，自信をもって生活できる

状態になると考えられます。

　クラスの子どもたち一人ひとりの顔を思い浮かべてみてください。一人ひとりに2割の味方というと相当，普段から人間関係づくりを進めていないと難しい数字だと思います。特に，クラスの中で適応面で一番心配な子，居場所がないのではないかという子を思い浮かべてみてください。その子は何人の味方がいるでしょうか。少なくとも1人から2人の味方がほしいものです。みなさんのクラスは，ザックリ見たらきっと温かな雰囲気があると思います。しかし，一人ひとりの視点に立ってみるとかなり温度差はあるかもしれませんね。

③ 学級集団育成の3段階

　現在，学級集団づくりに関する情報はあふれるほどあります。私が，1990年代半ばに，機能不全の学級を担任し，立て直したくても情報がなくて右往左往していた頃とは違います。ただ，今は数が多すぎて，却って，どのようにアプローチすればいいかがわからなくなっている現状もあります。数が多くなりすぎると，選択すること自体のハードルが高くなり「結局，どれをやっても同じ」という類いの諦めを生んだり，逆に，あれもこれもと手を出し

て，実践がパッチワーク的になってしまって効果が出ないということが起こってきます。

　そこで，私なりにこれまでの様々な学級集団づくりに関する主張をまとめ，学級集団の機能を高める道筋のモデルを作成してみました。それが図1－6です。もちろん，これが唯一のモデルだと言うつもりはありません。ただ，私の研究室の学校支援チームが学級の機能の回復を高めるときに，これを活用し，それなりの成果をあげていることを考えると，それほど的が外れたものだとは言えないでしょう。

　学級集団を育てるということは，授業や生徒指導の場としての条件をより良好にして，その働きを高めることです。また，自治的集団の育成は，日本の教師たちが従来から志向してきたものであり，また，現代的ニーズにも即応したものだと前に述べました。したがって，ゴールイメージは，自治的集団です。自治的集団とは，以前述べたように，子どもたちの主体性によって運営される集団であり，その中核的能力はメンバーの協働による問題解決能

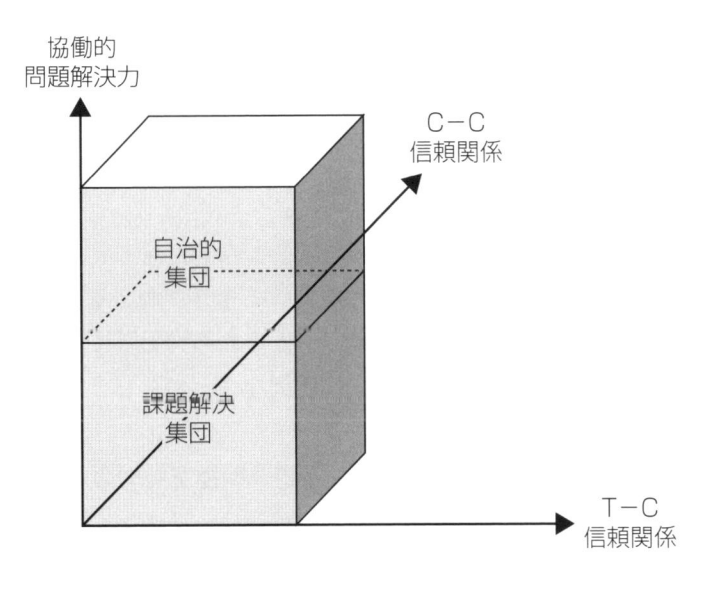

図1－6　学級集団育成の道筋

力です[*34]。つまり，互いに力を合わせたり助け合ったりすることによって困難な状況を乗り越えたり，現状を改善する力です。その前段階として，課題解決集団が存在します。この問題と課題，よく似た印象をもつ言葉ですが，この辺りで整理をしておきたいと思います。

4 問題解決集団と課題解決集団

問題とは，広辞苑第六版によると，次のように示されています。

1　問いかけて答えさせる題。解答を要する問い。
2　研究・論議して解決すべき事柄。
3　争論の材料となる事件。面倒な事件。
4　人々の注目を集めている（集めてしかるべき）こと。

多様な意味がある言葉ですが，教室で河村氏の定義にある「学級の問題は自分で解決できる状態である」という意味で考えると，どうなるでしょうか。まず最初に思いつくのは，学級における問題といえば，何らかのトラブルです。ケンカがあった，ルールが守られなかったなどのことがあり，困った状況にあることです。また，何か楽しいことをしたい，お祝いのパーティーをしたいなどの企画も考えられます。

すると，そこにはこうあってほしい（安心したい，楽しくしたいなど）という願いや目標があって，それと現実の姿にギャップがある場合に問題が認識されます。目標と現実のギャップは，子どもたちにとって，解答を要するものであり，議論の対象であり，時には面倒なことでしょうし，多くのメンバーが関心をもつことでしょう。

一方の課題はというと，広辞苑では，「題・問題を課すること。また，課せられた題・問題」と説明されています。課題は，その字が表すように課せられるものです。では，どこから課せられるかといえば，現実と目標の間にあるギャップからです。課題解決は，そのギャップを埋めるための意志決定

や行動を含む営みです。整理すると次ページの図1−7のようになります。課題を解決するために，行動の選択肢が挙げられ，そこからより適したものが選択されることによって解決となります。

　つまり，問題解決のプロセスは次のようになります。

> 1　目標との比較から現場の問題の認識
> 2　課題の設定
> 3　目標の確認・設定
> 4　解決策のリストアップ
> 5　解決策の検討
> 6　解決策の選択と実行
> 7　解決策の振り返り

　これを見ると，問題解決と課題解決の営みが，どちらが上位かがわかります。問題解決集団は，1番の問題の認識から取り組むことができます。課題解決集団は，2番目からです。課題解決集団は，解決はできますが，問題の認識ができるわけではありません。そこは，リーダー，つまり，クラスの場合は教師のある程度のお膳立てが必要となります。

　課題解決集団にも，目標と現場のギャップに気づく者がいるでしょう。しかし，それが少数だったりすることがあります。問題の認識は，一定数以上の気づきが必要です。一部の者が，問題だと思っていても大多数が，「別にいいでしょう」と思ったら，それは，協力して解決すべき問題として認識はされません。それに対して，問題解決集団は，問題を共通に認識することができます。それは，集団として目標が認識されている状態であったり，一部の者の問題意識をより共有しやすい状況にあるのです。

　問題解決集団は，主体性においても協働力においても課題解決集団よりも成熟していると言えます。わが国の教師が志向してきた自治的集団は，問題解決集団としての機能をもっているのです。

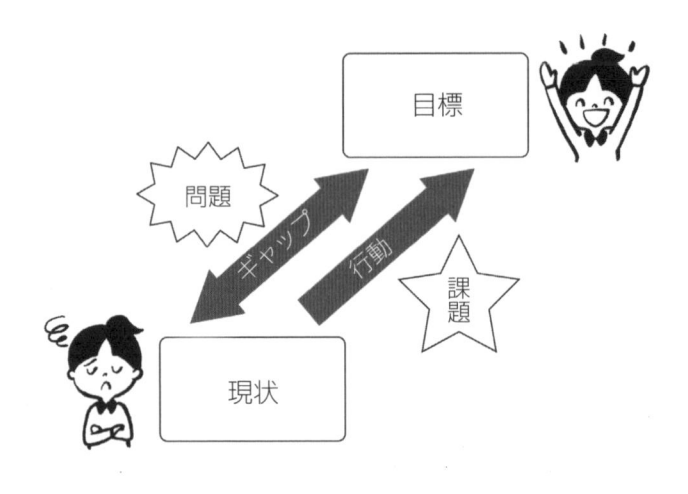

図1－7　問題と課題

5　従順な集団は本当によい集団か

　複数の教室で授業をしている教師はわかっていることでしょう。「授業のしやすい集団としにくい集団がある」ことをです。教師の言うことをよく聞く従順な集団がありますが，それは，教師主導の授業ではとてもうまく機能しますが，いざ，子どもたち同士で話し合ったり，力を合わせて課題を解決するような授業になると途端に動きが鈍くなることがあります。

　それは，子どもたちの人間関係や主体性が育てられていないからです。つまり，問題解決能力や課題解決能力は，子どもたちの主体性によって下支えされた力だと指摘することができます。自治的な話し合いや問題解決学習をいくらやっても，

> 子どもたちの主体性が育てられていないところでの活動は，どんなにそれが活動的に見えてもやっているふりをしているだけ

で教師主導のそれの域を出ないのです。

子どもたちの主体的な活動を生み出すためには，子どもたちの信頼関係が必要です。信頼関係が成り立っていないところで，協働的な課題解決や問題解決ができるでしょうか。みなさんの職場（例えば，学校）を考えてみるとすぐにわかると思います。学年を組むときに信頼関係のあるメンバーとそうではないメンバーでは，仕事の成果が格段に違うことでしょう。

 メンバー同士の信頼関係と生産性は密接に関係している

のです[35]。

　例えば，あなたの学年で学習発表会で劇をすることになったとします。学年主任が劇のシナリオ作りにとてもこだわりのある方で，「シナリオは私が作る」と言い出したとします。その方は，普段からトップダウンのコミュニケーションが多く，普段からあなたを含め学年のメンバーがそれに従うという形でやってきたとしましょう。いざ，できたシナリオを見てみると，ちょっと自分たちのセンスとはかけ離れたものでした。しかし，意見を言おうものなら不機嫌になることは，今までのことから火を見るよりも明らかでした。

　今回のシナリオの話も提案や相談ではなく，実質上は「命令」であるわけです。メンバーは「やれやれ」との思いです。信頼関係があれば，「いいですね！」となるわけです。または，意見があれば「ここを，こうしたら」と提案ができるわけです。しかし，信頼関係のないところでは，「言ったところでどうせ雰囲気が悪くなる」「聞いてもらえない」などの諦めが生じています。しかし，学習発表会はやらねばならないのです。

　そこで現実的なあなたたち学年メンバーの選択は，「聞いたふり」や「従ったふり」をすることです。しかし，そこは大人ですから露骨に態度に出すようなことはしません。笑顔で「いいですねぇ……」と賛同します。社会人のみなさんなら，少なからずこうした経験があることでしょう。

　学級の子どもたちに目を移したときに，信頼関係がないのにそれなりにやっているということは，

> よほど教師によってうまく管理されているか，驚くほど子どもたちが
> 素直か，普段の教育活動がそれほど子どもたちの協働が必要のない活
> 動に留まっているか，または，これらがいくつか合わさった状態

のいずれかだと言えるかもしれません。

　では，子どもたちはどのようにしたら信頼関係を結ぶのでしょうか。教師
が子どもたち同士を信頼し合うようにさせることはできるのでしょうか。人
が誰かと信頼関係を結ぶのは，他者の力によってではなく，自らの選択です。
教師ができるのはきっかけづくりまでです。馬を水飲み場に連れていくこと
はできても，水を飲ませることはできないことと似ています。水を飲みたく
なるようにする，つまり，子どもたち同士がつながりたくなるようにするの
です。

　そのスタートになるのが教師と子どもたちとの信頼関係です。リーダーと
の個人的信頼関係が，メンバーのその場における適切な行動のエネルギー源
になります。校長先生や学年主任が，自分のことを理解し，いつも応援して
いると自覚できたらいかがですか。他の職員とつながること，プロジェクト
の推進，達成など，職場での働きやすさの大きな要因になりませんか。

6　必要条件に隠された条件

　河村氏の学級集団づくりの必要条件は，汎用性のある優れた知見ですが，
見落としてはいけない重要な要因があります。それは，

> 教師のリーダーシップの問題

です。

　ルールが確立し，リレーションが構築されていることは，学級集団がよく
機能するためには必須のことです。しかし，多くの方がわかっているように
それは，どのクラスにも保証されていることではありません。また，放って

68

おいて備わるものではありません。それが備わるための何らかの働きかけが必要です。

　では，それは誰がするのでしょうか。子どもたちですか。子どもたちが自分たちでルールを決めて，良好な関係性を自ら築いていきますか。そうだったらとてもステキです。それは，間違いなく自治的集団です。しかし，若手からベテランまで多くの教師が学級集団づくりに悩むのは，クラスの現場がそうはなっていないからです。

　学級集団づくりの必要条件は，植物が育つには，水と日光と栄養と適切な温度が必要ですよと言っているようなものです。しかし，それは，誰かが水をやり日光が当たるようにして，栄養を与えていることが前提になっているのです。誰が，適温の場所に鉢を置き，水をやり，日光を当て，栄養を与えるのかと言えば，それは教師です。多くの場合が学級担任です。

　学級集団づくりの必要条件には，教師の働きかけを含むリーダーシップの問題が前提として存在しているのです。しかし，学級集団づくりの重要さや必要性を訴える主張がある一方で，「いい授業をしていれば学級集団づくりは必要ない」などという主張をする人がいます。個人的な信念をもっていただくのは全く自由なのですが，

> ✦ 研究成果に基づいた話を，思い込みや個人的な経験を混ぜ込んで話をするのは問題

ではないでしょうか。研究成果に対する反論は，しっかりとした根拠をもってするべきだと思います。

　確かによい授業をすることでよい集団が育つことでしょう。それは，授業の中でルールとリレーションを育てているということでしょう。しかし，それは，授業という土俵に子どもたちがのってくれる場合です。学級崩壊のような状態になっていると，その土俵にのってくれない場合もあります。そうした学級を担当する教師に，「よい授業をすれば……」なんて言うのは，いささか暴論のように思います。ただ，学級集団づくり不要論者の立場がわか

らないわけではありません。

　話をややこしくしているのは，

 クラスの実態は様々で，必要条件をもち合わせていないクラスと必要条件をもち合わせているクラスが混在していること

です。

　全国には，教師が特に手立てを講じなくても日々の学級生活がなんとなくうまく成り立ってしまう現状もあります。そうした実態のクラスは，ルールの確立だ，リレーションの構築だなんて言わなくてもそうしたものはもっているし，そこそこクラスの問題解決もできてしまうのです。まさに，水や肥料をやらなくても育っている雑草のようなクラスです。その姿は実に力強いです。

　しかし，その雑草は雑草で，水や養分を吸収する力が強かったり，また，自らが生育できる場所で生育しているわけですから，育つことができるのは当たり前と言えば当たり前なのです。雑草もどんなにたくましく見えてもやはり条件がそろわないと育ちません。忘れてはならないことは，

 子どもたちは，自ら選んで教室にいるわけではない

ということです。彼らが能力を伸ばすためには，最初は教師が条件設定をする必要がある場合がほとんどです。子どもたちを雑草に例えることは抵抗がある人もいるかもしれませんが，たとえ話としてお許しください。

　雑草は，自らの生命を維持するために他の植物の栄養を奪って生育することもあります。作物を育てるために雑草を抜いたり，除草剤を撒いたりするのはそのためですね。子どもたちも放っておくと，自らの居心地のよさのために他者のそれを損なってしまうことがあります。

　当然ですが，学級集団においては，誰かを育てるために誰かを引っこ抜くなんてことはあってはならないのです。みんなが育つ権利をもっているのが学級集団です。それを保証するのが，ルールの確立でありリレーションの構

築なのです。しかし，それは，

 最初からすべてのクラスに備わっているわけではない

のです。

⑦ 学級集団を育成する教師のリーダーシップ

　アクティブ・ラーニングを授業の改善の視点とすることを打ち出した次期学習指導要領によって，クローズアップされた子どもたちの主体性の育成ですが，それはここまで考察してきたように決して降って湧いたような新しい話ではありません。わが国の教師たちがずっと志向してきたものでした。
　しかし，残念ながら教員養成プログラムの問題やインプット型の設計の教育課程の問題，そして，何よりも

 管理型リーダーシップの強化によって成功を収めた学級経営モデルの存在によって，子どもたちの主体性の育成には，成功したとは言えない状態である

と指摘できるでしょう。

　自治的集団を志向するリーダーシップは，子どもたちの主体性を尊重するものであり，それによって子どもたちのそれが高まることが期待できます。自治的集団を志向することは，その過程で，子どもたちの有能感や自己決定性を高めたり，受容的な人間関係を構築することで子どもたちの学校生活や学習への意欲の総体を高める中で，主体性を高めることに寄与するものです。

　つまり，

> 子どもたちの主体性を高めるリーダーシップは，子どもたちのやる気を高めるリーダーシップ

と言い換えることができ，子どもたちのやる気を高めるリーダーシップをとっている教師は，その実現の基盤としての学級を自治的集団に育てようとしていると考えられます。

　では，やる気を引き出すリーダーシップとはどのようなものなのでしょうか。やる気とは，心理学的に言えば，動機づけなどと言われることがありますが，教育心理学者のジェア・ブロフィ氏は，「ある動機づけ特性が発達する程度は，その個人において生じる質的なニュアンスと同様，その人の社会的環境『重要な他者』によって与えられるモデリングや社会化（期待の伝達，直接的指導，修正的なフィードバック，報酬や罰）によっても影響される。家族成員や親友と同じく，教師も生徒の生活において重要な他者であり，生徒の動機づけに影響する」と述べます[36]。

> 子どもたちのやる気には，教師の指導行動が強く影響する

ことがわかります。

　「そんなことはわかっている」と言われそうですが，教師のリーダーシップや子どもたちのやる気を高めるための知識や技術が学ばれていない現状では，この逆も起こり得るということです。つまり，教師の指導行動によって，子どもたちのやる気を削いでしまうことがある，ということです。これから

の教師は，このことにもっと真剣に向き合わなくてはならないのではないでしょうか。

　さらにブロフィ氏は，リーダシップについて次のことを指摘します。「仕事そのものにはあまり内発的に満足していない労働者であっても，上司に好感をもつ場合は仕事に相当の努力を傾ける。しかし，労働者が上司を高圧的だと感じる場合は，無気力や反発を示す可能性がある[37]」。この「上司」をそのまま教師に，「労働者」を子どもたちに置き換えることが可能でしょう。管理的なリーダーシップは，子どもたちのやる気を削ぎます。だから，

> 教師がまずリーダーシップを発揮するためには，好かれることであり，信頼されること

であると言えます。

　したがって，ここまで述べてきた学級集団育成の道筋は，

> 第1段階：教師と子どもたちとの信頼関係の構築
> 第2段階：子ども同士の信頼関係の構築
> 第3段階：協働による課題・問題解決能力の育成

であると整理することができます[38]。これをアクティブ・ラーニング時代の学級集団づくりの道筋と言いたいところですが，これは，わが国の教師が志向してきた学級集団づくりの道筋とも言えます。過剰に教科指導を重視した教員養成のプログラムと現職教育の傾向や，校内暴力や学級崩壊などの残念な現象によって，

> わが国の教師が見失ってしまった道筋

とも言い換えることができます。

8 さらば「学級集団づくり」

私は，学級集団づくりという言葉が，却って

> 現場を混乱させている

のではと思っています。もともと一つであった営みが，学級崩壊のように教師を圧迫するような危機的状況によって，学級集団づくりという「特別な領域」をつくってしまったのではないでしょうか。その結果，学級集団づくりと授業づくりが二分化してしまったのではないでしょうか。二分化してしまったことは，まだよしとしても，それを「学級集団づくり」か「授業づくり」かという対立軸でとらえてしまうことはとても非生産的です。

「学級集団づくり」とか「学級づくり」とかいう言葉はそもそも長い歴史がある言葉ではありません。朝倉雅史氏の調査によれば，学級経営関連の書籍は，1980年代に激増し，1990年代にピークを迎え，また，1980年代に「学級づくり」をタイトルに含む書籍が「学級経営」をタイトルに含む書籍の発行数を超えました[39]。この辺りから，学級集団づくりと授業づくりの分業が始まってきたのかもしれません。また，朝倉氏は，1990年代から，学級経営関連の書籍にも，「ワザ」や「〜術」，「ツボ」という技術を強調したタイトルのシェアが増え，理論系のタイトルはシェアを減らしていくことを報告しています[40]。

1980年代から学級集団づくりと授業づくりの分業が進み，1990年代になると教科指導とともに，学級集団づくりも「ネタ化」，「ハウツー化」が進んだと思われます。ネタやハウツーの共有は，キャリアに関係なく，ベテラン教師が長い時間かけて創り上げた方法を新採用の教師でも知ることができます。優れた方法を，目の前の子どもたちにすぐに適用するのです。時には，高い効果を短い準備時間で上げることができたことでしょう。コストパフォーマンスがとてもよかったわけです。

しかし，その結果，即席で答えを出そうとする傾向が強まったのではないでしょうか。簡単に言えば，

✦ 教師が考えなくなった

ということです。ダメならば，なぜダメだったかの検討もなく，次の方法を探すという，まるで教育技術のウィンドウショッピングや使い捨てのような状況が始まったのです。一つ一つの教育技術が生まれてきたのは，それを生み出した実践家が長い時間の試行錯誤を重ねた結果だったことでしょう。しかし，それが数千円の書籍を通じて他者に渡るときには，（その背景や努力が全く見えない）商品として流通するので，やってみてうまくいかなければ一瞬で捨てられるという事態があちこちで起こったことでしょう。それも，その技術がダメだというよりも，追実践する教師の腕の低さで捨てられることもあったわけです。

　そして，学級崩壊などの教室の混乱がその傾向に拍車をかけたと思われます。わが国の教師が未経験の事態は不安を生み，不安はより技術志向を強めたと思われます。不安なときは誰しも「やり方」を求めるからです。教師が，「どうする」に関心を強め始めると，相対的に関心が薄れてしまうのが，「何のため」です。目的が見える教師には何が見えるかというと，学習者です。子どもたちに力をつけることが教育活動の本来の姿ですから，「何のため」を見据える教師は，子どもたちへの関心を失わないわけです。

　しかし，一方で，やり方志向の教師は，子どもたちをどう動かすかに関心を向けますから，子どもたちからは関心が逸れていきます。すると，その技術を適用してうまくいかない場合は，「子どもたちがダメ」だと錯覚してしまうのです。ダメだったのは，子どもたちではなく，その子どもたちに合うやり方を選択できなかった教師の目であり，その技術が適用できるくらいに子どもたちを育てていなかった教師の力量であるにもかかわらずです。

　自分たちをうまく動かすことばかりに関心を向けている教師を子どもたちが好きになるわけがありません。そんな教師を信頼するはずがありません。

学級を育てる営みを学級集団づくりなどという名前にするからその本質からずれて，管理を強めてしまう

のです。学級集団づくりの本質は，子どもたちの学校生活や学習への意欲の向上です。

　学級集団づくりにおいて，教師が最も意識することは，子どもたちをコントロールすることではありません。

子どもたちのやる気を高めること

です。

　そのゴールが，子どもたちの集団を自治的集団にすることであり，そのスタートが，子どもたちと信頼関係を構築する教師のリーダーシップです。本書では，第2章以降，信頼関係を構築する教師のリーダーシップについて述べていきます。

　いきなり新しいことを学ぶというよりも，まず，自分が何ができているか

あるもの探し

をしてみてください。闇雲に新しいことを学ぼうとすると，自分に対して「ないものねだり」をすることがあります。ないものねだりは，自分へのダメ出しにつながりやすいです。

　それは，本書の目的ではありません。本書は，みなさんが，普段何気なくやっていることを，意味づけ，そして，何ができているかを探して，まず第一にそれを強みとしてほしいのです。

　自分の強みが自覚できたら，主体的に「さらに学ぼう」という気持ちにもなれることでしょう。

引用文献

＊28　尾木直樹『「学級崩壊」をどうみるか』NHK出版，1999

＊29　前掲＊8

＊30　　寺田一清『森信三先生随聞記』致知出版社，2005

＊31，＊32　　　河村茂雄『データが語る②子どもの実態』図書文化，2007
2004年，2005年10月〜2006年1月にかけて，東北地方，関東地方，中部地方，北
陸地方の小中学生約5万人を対象に調査した。

＊33　　文部科学省「平成17年度学校基本調査　調査結果の概要（初等中等教育機関，専
修学校・各種学校）」

＊34　　赤坂真二編著『自ら向上する子どもを育てる学級づくり 成功する自治的集団への
アプローチ（学級を最高のチームにする極意シリーズ）』明治図書，2015

＊35，＊38　　　赤坂真二『スペシャリスト直伝！学級を最高のチームにする極意』明治
図書，2013
マサチューセッツ工科大学のダニエル・キム氏の成功の循環図によりこのことを
説明している。

＊36，＊37　　　ジェア・ブロフィ著，中谷素之監訳『やる気をひきだす教師　学習動機
づけの心理学』金子書房，2011

＊39，＊40　　　朝倉雅史「教師が“よい学級”を問う意味とは—学級づくりのノウハウ
流通の問題と学級観の重要性」，末松裕基・林寛平編著『未来をつかむ学級経営
学級のリアル・ロマン・キボウ』学文社，2016

第2章

やる気を引き出す
教師のリーダーシップ

第**1**節

"指導力のある教師" とは

① 脳から読み解く "指導力のある教師"

　同じようなことを言っても，伝えることができる人とできない人がいます。子どもたちに「静かにしましょう」と言っても，静かにできない教師もいれば，子どもたちの前に立っただけで，静かにしてしまう教師もいます。「怖さ」でしょうか。本書では，恐怖や強制による力は，指導力とはみなしません。それ以外の力があるとしたら，それは一体何なのでしょうか。

　脳外科医である林成之氏は，「私たちがものを見たり聞いたりすると，その情報に感情の情報が組みこまれるシステムになっている」と言います*¹。感情を心だととらえるとすると，図2-1のように，私たちは頭で情報を処理しているというよりも，感情，心で情報を受け取っているようです。つまり，私たちの脳には，「好き嫌いのフィルター」のようなものがあって，それを通して情報を処理していると考えられます。さらに，林氏は次のように

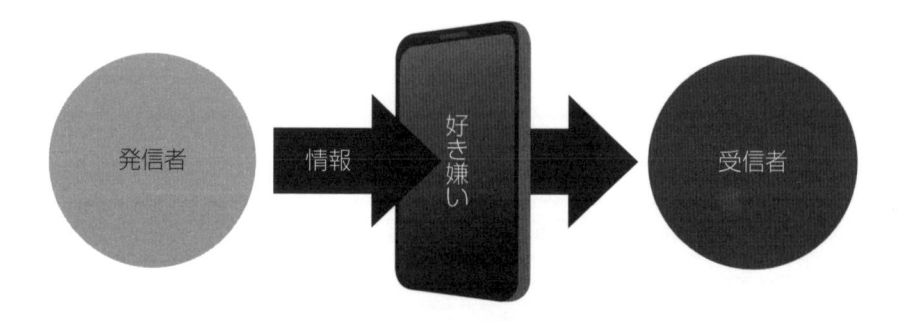

図2-1　情報受信の構造

言います。「たとえば学校の先生は，子供に好かれる人でなくてはなりません。嫌いな人から教えられたことは身につかないからです*2」。

　子どもたちが野球の練習をしているところに，近所に住む元野球少年だったおじさんがやって来て，「みんなぁ，がんばっているね。よし，じゃあ，おじさんがノックしてやろうか」と言っても，少年たちは怪訝な表情をするでしょう。しかし，もし，あのイチロー選手がバックネット裏に高級車を止めてやって来て，「みんなぁ，がんばっているね。よし，じゃあ，ボクがノックしてあげようか」と言ったら，きっと，背筋を伸ばして「ハイッ」と一斉に言うに違いありません。

　私たちの脳は，

 「何を言うか」よりも「誰が言うか」に，より反応する

臓器と言えます。他の休の器官と同様に，快感とセットになって機能していることを知っておくべきでしょう。

　野球においては，イチロー選手は，近所のおじさんよりも圧倒的に信頼されている，だからこうした現象が起こります。教師とその指導内容も同じ構造をもっています。よく中学生が言います。「英語の○○先生が好きだったから，英語が好きになった」，また逆に，「社会の○○（教師の名前ですが，

この場合は大抵呼び捨て……）がキライだったから，社会がキライになった」と。もちろん，授業が面白いから，あの先生が好きになったということもあろうかと思います。インプットは快感とセットなのですから。

　いずれにせよ，好かれる教師のほうが，伝えたいことを伝えることができることは間違いないようです。よく威勢のいい教師が「子どもに好かれなくていい」と言っているのを聞くことがありますが，嫌われたら指導などできるものではありません。今の教師にとっては，教材研究ができて，効果的な発問ができることと同じように，いや，指導が入るか入らないかを考えたらそれ以上の優先順位で，

> ✦ 子どもたちに信頼されることが指導力の源泉

だと指摘できます。

　しかし，誰もがイチローのようになれるわけではありません。役割が違うのですから，ならなくてもいいとは思いますが，信頼は得る必要があります。では，子どもたちはどのような教師を信頼するのでしょうか。

② 子どもたちのニーズ

「子どもたちはどのような教師を信頼するのでしょうか」

このような問いに向き合うときに，とにかく教師は，頭で考えてしまいがちですが，こうしたことは子どもたちに直接聞いてみるのも効果的だと思います。しかし，実際には子どもたち一人ひとりに聞いて回るのは困難ですので，調査結果を参考にするのがいいでしょう。

神奈川県の教育委員会が，2013年の8月から11月にかけて，県内の公立の小学校，中学校，中等教育学校，高等学校，特別支援学校の教職員，保護者，学校評議員，児童・生徒（小学生は5年生，中学生と高校生は2年生を対

表2-1　教わりたい先生（上位5項目）

	小学生	中学生	高校生	特別支援学校 児童・生徒
1位	わかりやすい授業をしてくれる 70.7%	わかりやすい授業をしてくれる 68.6%	わかりやすい授業をしてくれる 66.8%	自分たちのことをよくわかってくれる先生 51.6%
2位	自分たちのことをわかってくれて，しかったり，ほめたりしてくれる 51.3%	やる気を出させ，意欲を高めてくれる 40.7%	やる気を出させ，意欲を高めてくれる 40.9%	わかりやすい授業をしてくれる先生 41.1%
3位	やる気にさせてくれる 36.8%	自分たちのことをわかってくれて，しかったり，ほめたりしてくれる 38.1%	自分たちのことをわかってくれて，しかったり，ほめたりしてくれる 31.9%	やさしくほめてくれる先生 37.1%
4位	何でもよく知っている 18.7%	生徒と一緒になって何でもやってくれる 35.6%	生徒と一緒になって何でもやってくれる 26.0%	やる気にさせてくれる先生 28.2%
5位	何でもいっしょになってやってくれる 17.0%	将来や進路の相談に乗ってくれる 19.8%	一人ひとりに応じた進路指導をしてくれる 19.5%	何でもいっしょになってやってくれる先生 27.4%

神奈川県教育委員会「平成25年度　教育に関する意識調査　調査報告書」より

象）及び県内に居住する満20歳以上の男女を対象にして，「教育に関する意識調査」をしています。その中で，子どもたちに聞いた，「教わりたい先生（上位5項目）」が表2－1です。

　これによると，回答の割合が高かった項目は，小学生では「わかりやすい授業をしてくれる」，「自分たちのことをわかってくれて，しかったり，ほめたりしてくれる」，「やる気にさせてくれる」であり，中高生では，「わかりやすい授業をしてくれる」，「やる気を出させ，意欲を高めてくれる」，「自分たちのことをわかってくれて，しかったり，ほめたりしてくれる」，特別支援学校児童・生徒では，「自分たちのことをよくわかってくれる先生」，「わかりやすい授業をしてくれる先生」，「やさしくほめてくれる先生」でした。

　「教わりたい先生」と聞いているのですから，「わかりやすい授業をしてくれる」先生がトップにくるのはよくわかります。注目したいのは，他の上位項目です。校種にかかわらず高い支持を受けているのは，「自分たちのことをよくわかってくれる先生」です。特別支援学校では，これが1位になっています。そして，もう一つは「やる気にさせてくれる先生」です。

　これらの問題について考えてみましょう。

　まず，「自分たちのことをよくわかってくれる」先生です。小学校や特別支援学校で支持が高くなっています。そもそもの学校の教師の仕事のうち，子どもたちに直接向き合う役割を考えると，大きく2つに分けられると思います。それは，

> ・できるようにしてくれる先生（達成支援）
> ・つながってくれる先生（親和支援）

　これは，教師の仕事が教科指導と生活指導・生徒指導に大別されてきたことを考えると明らかでしょう。以前にも述べましたが，教員養成の段階から，多くの教師が教科指導，つまり，達成支援に多大なる時間をかけて学んできます。しかし，子どもたちの意識から読み取れるのは，自分とのつながり，つまり，親和支援への高いニーズです。

少し考えてみてください。教師が，教室で，まずすることは何でしょうか。授業でしょうか。そんなことはありませんね。子どもたちと挨拶をしたり，健康状態を観察したり，一日がんばれるように励ましたり，声をかけたりすることから始めるのではないでしょうか。長期休業が明けて，いきなり授業はしません。心ある教師ならば，まずは，子どもたちのコンディションを整えることをするでしょう。教室には，常に，この2つのニーズをもった子どもたちがいるのです。

　授業はとても大事です。よい授業をすることは教師の使命とも言えます。ただ，授業の上達には時間がかかります。20年，30年のベテランと言えども納得できる授業は年に数本でしょう。しかし，

> ✦ **教室の日常は，教師に授業力の向上を待ってはくれない**

のです。授業力向上に不断の努力をしながらも，子どもたちとつながる努力も必要であることを調査結果が示しています。授業が上手であろうが下手であろうが，子どもたちは教師とつながりたがっています。わかってほしいと思っています。

　ところがわが国の教育では，授業，特に教科指導ができることが専門性として評価されますが，子どもとつながることなどは専門性として認められにくいところがあるように感じています。中学校では，生徒指導ができる教師が確たる地位を認められているだろうと指摘する人もいるでしょう。しかし，それは，「荒れを収めることができる教師」のステイタスが高いだけで，まだまだ，「寄り添うことができる教師」，つまり，教育相談的アプローチができる教師のそれが高いとは言えないようです。

　いずれにせよ，達成支援ができる教師だけでなく，親和支援ができる教師へのニーズも高いことを忘れてはならないでしょう。さて，子どもたちが高い支持をする教師の姿として，「やる気にさせてくれる」というものがあります。実は，神奈川県教育委員会は，2005年にも同様の調査をしていますが，そのときは，中学生の2位は，「自分たちのことをわかってくれて，しかっ

たり，ほめたりしてくれる」先生で，3位が「やる気を出させ，意欲を高めてくれる」先生でした。2013年度の調査では順位が入れ替わっています。

表2－2　教わりたい先生（上位5項目）

	小学生	中学生	高校生	盲・ろう・養護学校生
1位	わかりやすい授業をしてくれる 71.6%	わかりやすい授業をしてくれる 68.1%	わかりやすい授業をしてくれる 70.5%	わかりやすい授業をしてくれる 67.7%
2位	自分たちのことをわかってくれて，しかったり，ほめたりしてくれる 50.8%	自分たちのことをわかってくれて，しかったり，ほめたりしてくれる 44.6%	やる気をださせ，意欲を高めてくれる 42.5%	自分たちのことをよくわかってくれる先生 33.8%
3位	やる気にさせてくれる 35.9%	やる気をださせ，意欲を高めてくれる 38.0%	自分たちのことをわかってくれて，しかったり，ほめたりしてくれる 34.4%	自分の目標や手本になってくれる先生
4位	自分の目標や手本になってくれる 17.9%	生徒と一緒になって何でもやってくれる 37.6%	生徒と一緒になって何でもやってくれる 29.1%	やさしくほめてくれる先生 27.7%
5位	何でもいっしょになってやってくれる 17.8%	将来や進路の相談にのってくれる 19.1%	一人ひとりに応じた進路指導をしてくれる 20.5%	何でもよく知っている先生 何でもいっしょになってやってくれる先生 24.6%

神奈川県教育委員会「平成17年度　教育に関する学校関係者向け意識調査」より

　やる気にさせてくれる先生への相対的なニーズが高まっていることが指摘できます。みなさんは，子どもたちをやる気にさせる自信はありますか。では，ここで，子どもたちをやる気にさせるにはどうしたらいいかを考えてみたいと思います。
　近年，子どもたちのやる気のなさが教育関係者の話題となりますが，これらの調査結果からは，

ことがわかります。もし，子どもたちがやる気がないとしたらそれはなぜな
のでしょうか。それを紐解くことによって，子どもたちのやる気を引き出す
ヒントを得られるのではないでしょうか。

③ やる気にさせる条件

　心理学的には，やる気を失っている状態，つまり無気力は，学習されたも
のであるといいます。セリグマンの提唱した学習性無力感というものです。
これは，「行動と結果が随伴しない経験をするうちに，自分自身の行動は無
効であると考えるようになり，そのため客観的には行動によって結果を変え
られるような場面に出会っても，『どうせ何をやっても関係ない』と考えて
無気力に陥り，何もしようとしなくなる」という状態です[*3]。

　だとすると，やる気のない子どもたちは，学校生活を含めていろいろな経
験の中で，「やっても無駄だ」ということを後天的に学んだということです。
つまり，生まれながら無気力な子どもはそもそも存在しないということにな
ります。考えてみれば，やる気のない赤ちゃんというのは少し想像が難しい
ですね。

　では，そもそもやる気はどのように芽生えてくるのでしょうか。赤ちゃん
の行動は，手足を動かす感覚運動の繰り返しから，やがて探索的な行動が始
まり，目標志向的な行動につながっていきます。ここにやる気の芽生えを見
ることができます。このやる気を支えるものは何なのでしょうか。 薦田未
央氏は，「さまざまな外界の変化や新奇な事象に向かおうとする際には，安
心感をもつことが目的に向かって行動できることと関係している」と指摘し
ます[*4]。つまり，やる気を支えるものは，まず，安心感であると考えられ
ます。では，この，子どもにとっての安心感とは具体的にはどんなものなの

でしょうか。幼い子どもが，外界の諸条件を分析して安心であることを判断しているとは少し考えにくいです。

それについて薦田氏は，「愛着関係が成立していることにより，子どもは不安や恐怖のような不快な感情を抑え安心感をもって，外界に向かう探索行動が可能になるのである」と言います[*5]。つまり，子どもは愛着関係のできている母親という存在を「安全基地」として感じ取り，そこからやる気を生じさせていると考えられます。この愛着関係とは，イギリスの心理学者，ジョン・ボウルビィのアタッチメント理論に見られる情緒的絆のことだと考えられます。

さて，「安全基地＝母親」だとすると，不幸にして母親に安心の感覚を抱けない子どもたちはどうなるのでしょうか。幼児期に既に，やる気において大きなハンデを背負ってしまうのでしょうか。その後の研究では，次のようなことがわかっています。

数井みゆき氏は，「子どもが先生との間で築く関係は，母子間でのアタッチメント関係とは独立して存在しているようであり，母親との間で形成された関係性の表象は，子どもと先生との相互作用においてほとんど影響を与えていない」と言います[*6]。ということは，たとえ親子関係がうまくいかなかったとしても，親から然るべき安心感を受け取ることができなかったとしても，

 教師が安全基地になることによって，子どもたちのやる気の育成に貢献できる

ということではないでしょうか。

④ 教師が安全基地になるためには

では，母親以外の人物でアタッチメントの対象者となることができるのはどんな人なのでしょうか。数井氏は次の3点を挙げます[*7]。

1 身体的・感情的ケア

　これは多くの説明は要らないでしょう。身体のケアは，子どもたちの健康面に気を配っているかということです。子どもたちの体調が悪そうなとき，みなさんはどうしていますか。気づかないふりをしていることはまずないでしょう。「調子どう？」と声をかけたりすることでしょう。また，子どもたちが，「熱があるみたい」と訴えてくれれば，いきなり「じゃあ，保健室に行

きなさい」とは言わないと思います。小学生なら，その子の額に手を当て，「大丈夫かな？」と心配したり，「これなら大丈夫だよ」と励ましたりするでしょう。

　また，感情的なケアも同様です。子どもたちが，嬉しいときも悲しいときも，その感情に寄り添い，心の傷の手当てもしようとしているかということです。傷ついているときは，そばに腰を下ろして話を聞いてあげることでしょう。自信を失っているときは，「大丈夫だよ，あなたならきっとできるよ」などと励ますことでしょう。また，落胆しているときは，「何かあったのかい？　よかったら先生に話してみない？　できることがあったら教えてね」と支えようとするでしょう。身体的に，また，感情的に切ないときに，適切なケアをする人のことを言うのではないでしょうか。

　こうして考えてみると，保健室登校の子の気持ちがわかるような気がしませんか。身体や感情のケアをしに来ているのかもしれませんね。保健室は，身体的にも感情的にも安全だと感じるからでしょう。

　これはイチロー選手にはできません。毎日イチロー選手がいてくれる学校も魅力的ではありますが，やはり，彼は非日常の世界で輝いているからすばらしいのではないでしょうか。

　日常の世界の住人に必要なことは，存在としての安定性です。存在としての安定性は，量と質の面から考えることができます。まず，量的な安定性は，

「いつもいる」ということです。いたりいなかったりする教師は，安全基地になれません。欠席がちの教師，出張がちの教師は，安全基地になることは難しいでしょう。

　もちろん，ただ，教室にいればよいというわけではありません。次に問われるのは，質的な安定性です。みなさんは，どんな人のそばにいるときに安心しますか。どんなに面白いことを言って，奇抜なことを言って，瞬間的に場を湧かせることができようとも，怒りっぽかったり，愚痴っぽかったり，批判的だったりする人のそばでは安心することは難しいでしょう。また，指導にはメリハリが大事だと言われますが，激しすぎる喜怒哀楽も，いかがなものでしょうか。何事にも限度があろうかと思います。ネガティブだったり，感情の起伏が激しかったりすることも，存在としての安定性を欠くことでしょう。

やはり，精神的に健康で，明るく親しみやすく，感情的に落ち着いている人のそばにいるときに安心しませんか。

 いつも機嫌のよい

教師のそばで，子どもたちは安心して過ごすことができるでしょう。

表情，話し方，感情など直接的に伝わってくるものや，価値観や考え方などから間接的に伝わってくる安定感もあるでしょう。言っていることがコロコロ変わるのも子どもたちは嫌がります。何を信じてよいかわからなくなるからです。考えや言うことを変えてはいけないとは言っていません。しかし，それらを変えるときには，然るべき説明が必要でしょう。それもなしに，思いつきで言うことが変わるような人は，周囲に安心感を与えることができないでしょう。

③ 情緒的な投資

投資の意味の中に，「将来を見込んで金銭を投入すること」（広辞苑第六版）というものがあります。恐らく数井氏が言う投資の意味はこのことでしょう。将来とは，もちろん，子どもたちの成長のことです。そのために，情緒，つまり，感情を投入する人のことを言っていると思われます。

これは，教師としてとても大事な能力だと思います。教師はよく，3つの労働をすると言われます。「肉体の労働」，「知的な労働」そして，「感情の労働」です。①のような，子どもたちとの共感的な関係を築くこともももちろんですが，

 普段から子どもたちをどれくらい思い，どれくらいの関心を向け続けているか

ということだと思います。

ただ，教師が子どもを思っているだけではなく，それが，子どもたちに伝わっていることが大事です。「先生は，ぼくたちに関心がある」ということ

をあらゆる場面で感じ取らせていく営みは，まさに「投資」と呼ぶにふさわしい行為です。

こうした教師の温かな姿が，子どもたちに「見守られている感じ」や「包み込んでいる感じ」や「応援している感じ」として受け取られ続けることによって，徐々に安全基地として認識されていくことでしょう。

例えば，子どもたちがケンカをしたとします。ある子は興奮して，相手に「テメエ，ぶっ殺す！」と叫ぶかもしれません。そんなときも，「おい，そんなこと言うもんじゃない」と頭ごなしの指導をするのではなく，落ち着いてから，きっとこのようなことを言うでしょう。「そうか，殺したいくらい腹が立ったんだね。何があったか，先生に言ってみないか」とか，「あなたがそこまで言うんだから，余程のことがあったんだな。何もなくて，そんなこと言う人じゃないって思っているよ」と，子どもたちに信頼を寄せる一言を伝えることでしょう。

親が親である意味は，子どもたちに愛を注ぎ，それが無条件だからでしょう。親が子どもを愛する理由は「親だから」です。安全基地の概念が，親から派生したものであれば，数井氏の言っている安全基地の条件は，「愛すること」と言い換えることができるだろうと思います。愛されて育った子は，自分を愛することができ，そして他者を愛することができるようになるとはよく言われることです。安全基地を確保できた子が，やがて，誰かの安全基地になっていくことでしょう。

情緒的な投資とは，子どもたちの将来のためと述べましたが，もう少し，焦点化して言えば，

✦ 自尊感情を育てること

だと考えています。情緒的投資だけでなく，身体・感情のケア，存在としての安定性の実現は，子どもたちの自分を愛する能力を育て，それが，やがては主体的に社会に貢献する能力を開発し伸ばすことにつながっていくのではないでしょうか。

子どもたちは，むやみやたらに，学習やスポーツ，仲間づくりなど，私たちが望ましいと思ったことに取り組むわけではありません。そこには，学習者である子どもたちと課題をつなぐ橋渡しとなる安全基地の存在が必要です。クラスの子どもたち一人ひとりの顔を思い浮かべてみてください。安全基地が確保されているでしょうか。あなたは，子どもたちの一人ひとりの安全基地となり得ているでしょうか。

図2-2　やる気の発現の構造

⑤　全米ナンバーワン教師が示唆すること

　こうして見てくると，子どもたちのアンケートから抽出される，子どもたちの求める教師像の「自分をわかってくれる先生」と「やる気にさせる先生」は，ほぼ同じことを言っていることに気づかされることでしょう。子どもたちの安全基地となる教師は，子どもたちの理解者であり，同時に，やる気を高めます。つまり，

> 子どもたちとつながる教師が，子どもたちのやる気を引き出すことができる

のです。

　このことは，教育制度の違う国でも共通のことが言えるようです。アメリカには，ナショナル・ティーチャー・オブ・ザ・イヤー（全米最優秀教員）・プログラムという，優秀教員表彰制度があります。アメリカの教育界で最も権威と歴史のある表彰制度だと言われます。2013年度，これに選ばれたのが，ワシントン州での高校で，化学，物理，工学を担当するジェフリー・シャルボノー氏です。野口桂子氏は，シャルボノー氏との交流の中で次のことを報告しています[8]。シャルボノー氏が最も大事にしていることは，「生徒一人ひとりとの個人的信頼関係」だと言います[9]。

　そして，野口氏の報告の中で，シャルボノー氏は次のように語ります。「これを構築するには授業時間以外でのその子の関心，得意なこと，長所などを見つけ，一緒にそれを楽しもう，共感しようとすることである。心を許せる間柄になればお互いの言うことに聞く耳をもてるようになる。そのような人間関係が構築できなければ，教師が何を言おうと生徒は聞く耳をもたない[10]」。

　シャルボノー氏の言葉からは，まさに，彼が生徒一人ひとりの安全基地となろうとしていることがわかります。もちろん，彼の教材研究力や教授法が優れていることは言うまでもないでしょう。しかし，そのような彼が，自分の仕事の成果を上げるために最も意識して大事にしていることが，子どもたちとの個人的なつながりであるということなのです。これからの学級集団づくりは，子どもたちをまとまりとしてとらえて，それを一定の枠に入れていこうとするやり方ではダメです。シャルボノー氏のように，個人的な信頼関係を紡ぎあげ，それを緩やかに束ねるようにして営むことが求められます。

　こういう話を進めていくと，多くの場合，質問されるのは「どうやればいいのか」ということです。しかし，本章をよく読めばわかるように，今，教師が問われているのは，

　「どう，やるか」ではなく，「どう，いるか」

であり，教師のあり方なのです。やり方を追い求めている限りは，永遠に，高い指導力は手に入らないと思います。子どもたちが見ているのは，あなたがどんなことをしているか，ではなく，どのように立ち居振る舞っているかなのです。子どもたちは，あなたに日々問うているのです。

「ねえ，先生，先生は私たちに関心があるの？」

「ねえ，先生，先生は私たちとつながりたいの？」

「ねえ，先生，先生は私たちにやる気を出してほしいの？」

引用文献

＊1，＊2　林成之『＜勝負脳＞の鍛え方』講談社現代新書，2006

＊3　奈須正裕『やる気はどこから来るのか　意欲の心理学理論』北大路書房，2002

＊4，＊5　薦田未央「やる気を育てる基盤」伊藤崇達編著『［改訂版］やる気を育む心理学』北樹出版，2010

＊6，＊7　数井みゆき「保育者と教師に対するアタッチメント」数井みゆき・遠藤利彦編著『アタッチメント　生涯にわたる絆』ミネルヴァ書房，2005

＊8，＊9，＊10　野口桂子「アメリカの最優秀教員に学んだこと」児童心理5月号，金子書房，2014

第2節

やる気を引き出す教師がやっていること

1 学力向上の鍵

　日本全国どこに行っても，教育委員会と管理職のみなさんの関心は，学力向上にあると感じます。本音のところでは，学力調査のランキングでは？と邪推をしたくなることもありますが，学力を上げることは悪いことだとは思いません。しかし，今の学力向上策で何が問題かと指摘するならば，子どもたちの意欲に無頓着だということです。

　元文部科学省教科調査官の安野功氏は，学力向上には，学ぶ「意欲」，学びの「質」，学ぶ「量」の3要素があり，それらは，「意欲×質×量」のかけ算構造にあると言います[11]。つまり，どれかが0に近づくと，他の要素の値がどれだけ高くとも限りなく0に近づくことになります。

　わが国の教育は，学習指導要領という全国一律の教育内容を，国の定めた基準の教科書を使って教える，質の高い授業の創造に努めてきました。また，時数においても，国の定めた基準を各教育委員会の管轄の下，標準時数を確保していることと思います。また，各学校や各教師の個別のレベルで見ても，先生方はよい授業をしようとしているし，家庭学習などの習慣形成のための宿題の工夫や，個別指導の充実などに努めています。つまり，学習においては，その質も量も，しっかりと管理された中で実施されていると指摘できます。

　しかし，ここまで指摘してきたように子どもたちの学習意欲，つまり，やる気を引き出すことには困難があると指摘せざるを得ない状況にあります。したがって，

と言えるでしょう。

　安野氏の言うように，学力が学習の「意欲×質×量」の積で示されるとすると，図2-3の体積を大きくできる教師が学力を高める教師だと言えます。

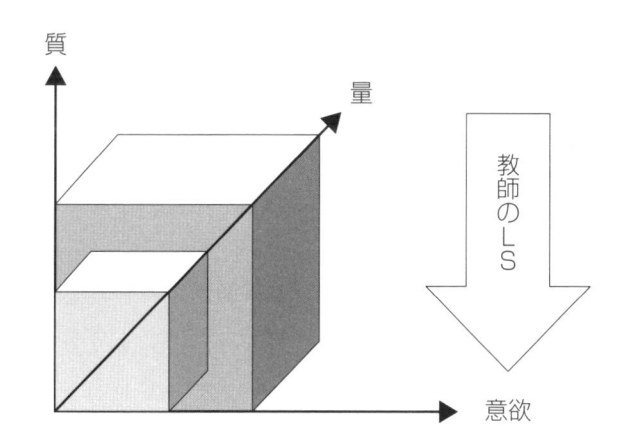

図2-3　学力を高める方略と教師のリーダーシップ（安野，2006をもとに）

そして，これもここまで述べたように子どもたちのやる気を高めるのは，学級集団づくりの問題が大きく関わり，それは即ち，教師のリーダーシップの問題なのです。

　子どもたちの意欲を蔑ろにしている教師は，多くないと信じています。むしろ，大方の教師が，やる気は大事だと認識して，やる気を高めるような授業なり，働きかけなりをしていることでしょう。しかし，いろんな研修会で，「子どもたちのやる気を高めるためには何をしたらいいですか？」と尋ねても，ほめるとか，興味を引く教材を用意するとかくらいしか解答として返ってこないのです。やる気を高める理論や技術がほとんど学ばれていない現状があります。

② 最もやる気に影響する教師の能力

　では，子どもたちのやる気を高める教師とはどのような教師なのでしょうか。その姿を探ってみたいと思います。みなさんにとって，どんな人がやる気を高めてくれる人ですか。

　ブロフィ氏は，「教師自身の人柄と教室での日常行動は，最も強力な動機づけのツールとなりうる」と言います[*12]。なんだか，身も蓋もない話に聞こえます。「人柄に自信ありますか？」と聞かれて，「自信あります」と答える人はおろか，「ええ，まあ」と答える人も多くはないと思います。

　じゃあ，どんな人柄なのでしょう。ブロフィ氏は，「人に好かれる性格」と明言しています[*13]。確かに，好かれたほうが言っていることが伝わります。脳は好きな人から発信された情報を積極的に取り入れる臓器だと，前に述べました。暗いよりも明るいほうが，親しみにくいよりも親しみやすいほうが，感情の起伏が激しいよりも穏やかなほうが，そして，不誠実であるよりも誠実であるほうが好かれることでしょう。でも，ますます，身も蓋もなくなってきました。好かれる性格が大事だと言われて，そうできたら誰しも苦労しません。

　しかし，人柄を「日常行動」と表現したらどうでしょう。少しは気が楽になりませんか。人柄は，日常行動の集合体ですから。では，どのような日常行動が子どもたちのやる気に影響を及ぼすのでしょうか。ブロフィ氏は，いくつかの研究に基づき，子どもたちの学習意欲と教師の日常行動について次のように言います。「教師が生徒に関心をもっている（好意をもち，生徒のニーズに共感しそれに応えている）と感じるとき，生徒の学習意欲は高くなる。しかし，そのような関与を感じないと，生徒は不満を感じる[*14]」。

　実は，先述のシャルボノー氏も同様のことを言っています。子どもたち一人ひとりとの個人的信頼関係を構築するには，「授業時間以外でその子の興味関心，得意なこと，長所などを見つけ，一緒にそれを楽しもう，共感しようとすることである[*15]」。自分の好きなことに興味関心をもって，それを授

業で生かそうとしてくれる教師を好きになり，信頼するようになるだろうということは容易に理解できるでしょう。

　ただ，わが国のように，学習指導要領に準拠した検定を受けた教科書を使用しなくてはならないシステムでは，子どもたちの興味関心を知ったからといって，それをそのままカリキュラムに反映することは難しいでしょう。しかし，活動が好きな子どもたちが多い場合は，話し合ったり，作業をしたりする内容で学習を構成したり，集中力の続かない子どもがいる場合は，一単位時間を5〜15分くらいのユニットにして構成したりする工夫はできそうです。そして，何よりも，好意をもって授業をすることはできそうではありませんか。

　つまり，「君たちと授業をしていることが楽しくてたまらない」という姿で授業をすることは，可能なのではないでしょうか。子どもたちにとっての悲劇は，つまらなそうに授業をする教師の授業で学ぶことです。みなさん，少し思い出してみてください。子どもたちがのっていたなあという授業を。恐らく，それは，授業者であるあなたが楽しそうに授業をしていたのではありませんか。その

 楽しそうに授業をするあなたの姿が，子どもたちの目に「好意」として映り，子どもたちのやる気を引き出す

のではないでしょうか。

　ただし，この話には注意が必要です。子どもたちの興味関心をとらえて，楽しそうに授業をやれば子どもたちのやる気を引き出せるかといったら，そんなに甘いものではありません。同じように振る舞っても好意が伝わる教師とそうはならない教師がいることは事実だろうと思います。教師がどんなに笑顔で授業をしていても，子どもたちがシラ〜っとしている授業を見たことは数多くありますから。

　好意を伝えることができる教師にも条件があるようです。

3 好意を伝えることができる教師

ブロフィ氏は，次のような教師の姿を挙げます。「自分の生徒を知ろうとし，楽しむ。生徒が教師を一人の人間として知り，理解できるようにする。生徒が互いを知ることができるようにする*16」。こうしたことを日常から実践している教師が，楽しそうに授業をしているとき，そして，授業の工夫をしているときに，それが子どもたちに教師の「好意」として伝わるのでしょう。ブロフィ氏やシャルボノー氏らの教師のあり方から，次の姿が導き出されます。

① 子どもたちを積極的に知ろうとすること
② 自分を知ってもらう努力をすること
③ 子ども同士のよい関係性を育てようとすること

1 子どもたちを積極的に知ろうとすること

子ども理解が大事とは言います。子どもたちを理解しようとする手立てはいろいろあるでしょう。問題は，

それを教師が楽しんでいるか

ということです。子どもたちは，自分に関心を向ける人に心を開きます。大阪の小学校教師，金大竜氏の教室を訪問したことがあります。全国から講演依頼が殺到する注目の実践家です。子どもたちから圧倒的に支持されている姿に感銘を受けました。

彼は，それなりに一生懸命，学級経営をやってきたつもりでしたが，あるきっかけがあって，子どもたちのことを何もわかってないことに気づかされます。その日から，毎朝，毎晩，子どもたちの名前を呼んで，「○○さん，おはようございます。今日もありがとう」「○○さん，今日もありがとう」と子どもの顔を思い浮かべて声をかけるようにしていると言います*17。

彼はこれを「いのり」と呼んでいますが，これが，子どもたちに関心を向け，子どもたちを理解する時間になっていたのだと思います。その時間には，確実に，子どもたちのことを考えます。それも，毎日一定時間が確保されています。しかも，全員です。「○○さん，今日，こんな様子だったな」「○○さん，今日は△△さんとケンカしたみたいだったな」と思いが広がったことでしょう。彼が講座の中で言っていたのを聞いたことがありますが，朝，その「いのり」を捧げて，実際に子どもたちに会ってからの「おはよう」は，2度目の「おはよう」であり，「おはよう」の後に，「○○さん，あのことだけど……」とおしゃべりを始めることができたといいます。

　これは，彼の「いのり」の時間が，子どもたちに関心を向ける時間になっていたということだと思います。彼の意図とは違うかもしれませんが，彼が子どもたちから支持されている条件の一つになっていることは間違いないでしょう。

　子どもたちと会っているときの実際の行動はもちろん大事です。子どもたちに挨拶し，話しかけ，質問し，興味を聞き出し，そこに関心をもち，楽しむなどの教師の振るまいが，子どもたちに「先生は，自分に関心がある」と自覚させることでしょう。髪を切ったら「髪切った？」，持ち物が変わっていたら，「○○替えた？」，嬉しそうだったら「何かいいことあった？」，元気がなかったら「何かあったの？」と，相手に関心を向ける一言を投げかけてみてはいかがでしょうか。

　もっと大事なことは，そのときの，言葉や態度に温かみがあることです。ただ，温かみと言われても，それは子どもたちが感じることですから，教師からはわかりにくいかもしれませんね。最も単純な指標は，あなたが，

教室で笑っているか

でしょう。教室に，ビデオカメラを設置して定点観察をしたとしたら，一日どれくらい笑っているでしょうか。その様子は，楽しそうに見えるかどうかです。もし，あなたが教室で楽しそうに過ごしていたら，きっと温かみが子

どもたちに伝わっているのではないでしょうか。これも技術論で迫ろうとしないほうがいいと思います。まず，自分の感情をモニターしてみてはいかがでしょうか。子どもたちを知ろうとすることが楽しかったら，子どもたちといるあなたの表情は笑顔になり，楽しそうに見え，そして，それが子どもたちに好意となって伝わることでしょう。

② 自分を知ってもらう努力をすること

　子ども理解の重要性を認識している教師は多くいますが，自分を理解してもらう努力が不十分な教師も見受けられます。相手の自己開示を促すものは，こちらの自己開示です。教師が自分を開くことなく，子どもたちに自分を開きなさいというのは無理があります。相手と知り合うには，まず，自己紹介をすることでしょう。まずは，こちらを知ってもらう努力が必要です。

　しかし，意外と教師の中には，自己開示が苦手という人がいます。子どもたちの興味や関心を知りたかったら，自分の興味や関心を知らせることが必要です。それが苦手な人は，まずは，自分の大好きなものや大嫌いなものを子どもたちに知らせてみてはいかがでしょうか。

　ほんの一例を挙げます。私が，子どもたちに出会い伝えていたことは，「三度のご飯よりもプリンが好きです。また，インゲンが大嫌いです。インゲンを食べるくらいならバンジージャンプをすることを選びます」という類いの好き嫌いの話です。少し，誇張するくらいだと，子どもたちは楽しんでくれます。すると，休み時間になると，寄ってきた子どもたちが，教師を囲んで好き嫌い話で盛り上がります。また，給食の時間になれば，それらが出たら出たで大盛り上がりとなります。

　また，価値観を知らせていくことが子どもたちの安心感を高めます。叱るときの基準を示す教師は多くいます。私は，次のことをしたときに「叱るよ」と言っていました。

① 命を粗末にしたとき
② 人に迷惑をかけたとき（いじめや差別をしたとき）
③ できる努力を怠ったとき

さらに，次のようなことを推奨していました。

① できないとき，困ったときは助けを求めよう
② 困っている人がいたら進んで助けよう
③ 人のよいところを見つけ出そう
④ 問題が起こったら話し合って解決しよう
⑤ 互いに協力し合おう

　叱る基準を示し，望ましい行動を示し，それに則って叱ったり，ほめたりします。基準が示されると子どもたちがそれに縛られると言う人もいますが，それは逆です。基準がしっかり決まっているほうが，その中で，自由度は増すのです。基準がわからないままに叱られると，子どもたちは積極的に行動できなくなります。また，望ましい基準がわからないと，どのようなことをやるべきかわからないから，適切な行動が増えません。

　子どもたちを誤った方向に行かせず，適切な方向に導くためには基準が必要です。しかし，その基準が示されていないままに，叱られれば子どもたちは納得しませんし，ほめられてもあまり嬉しくありません。つまり，効果的な指導ができないのです。

　教師の自己開示は，ただ，子どもたちと仲良くなるためのものではありません。

　リーダーシップを発揮しやすくするためのもの

です。

　教師自身のバックグラウンド，興味，関心，考え方，価値観を積極的に子どもたちに伝え，それを子どもたちと共有する努力をしておくことが教師の

リーダーシップを効果的に発揮する土壌をつくることでしょう。人間関係は，こちらから働きかけるだけではできないのです。向こうからもかかわることがあって，成り立ちます。

　教師の自己開示は，子どもたちに安心感を与え，子どもたちが教師にかかわりやすくしていると言えます。やる気を引き出す教師は，子どもたちを好きになりながら，子どもたちが自分を好きになるような環境設定も同時にやっています。

③ 子ども同士のよい関係性を育てようとすること

　子どもたちのやる気を引き出す教師は，教師と子どもの個人的な信頼関係だけでは，目的が達成できないことを知っています。教師は，子どもたちをクラスとして見ていますが，それは，制度が決めた枠組みです。子どもたちを教室に入れるだけでは，クラスにはなりません。子どもたちから見たら，

> ✦ 教室は，電車や病院の待合室のように見えている

可能性もあります。つまり，数人の知り合いと，あとは大多数の他人から構成される空間です。この中で，一人ひとりが，のびのびと学べるかといったら余程の強いメンタルがないとそれはできないことでしょう。

電車の中は，移動するという目的があるから居られるのです。また，待合室は，受け付けてもらう，お金を支払うという目的があるから，居られるのです。それがなかったら，長い時間この空間に居られないでしょう。互いを知らずして，教室という空間に居られるのは，教師のお気に入りと，勉強ができる子だけです。

教師と太いパイプをもっている子は，周りと関係が薄くても，最も重要な他者とつながっている安心感があるからそこに居られます。また，勉強ができる子は，勉強をするという目的が自覚されているので，そこに居られます。

　しかし，それらがない子は，教室に長い時間居ることは難しいです。だから，教室から飛び出したり，保健室登校をしたり，時には，不登校になるのです。もちろん，理由はそれだけではないでしょうが，その子と教室をつなぐものが欠落していることが想定されます。

　目的や良好な人間関係は，人に居場所をつくります。しかし，それらがない人は，居場所をもつことができません。居場所のない人は，安心感が欠如し，やる気になれません。だから，やる気を引き出すことができる教師は，自分と子どもだけのパイプに依存せず，子ども同士のパイプをつくって安全基地としての教室の機能を強化します。

　「子ども同士の良好な関係をつくる」ことの重要性は，これまでの学級集団づくりの中でよく言われてきたことです。しかし，「良好な」と言われると実はよくわからないところもあるのではないでしょうか。そういう意味で見ると，ブロフィの言う「互いを知ることができるようにする」という表現は，実践しやすいと思います。

　子ども同士を知り合いにするというならば，子ども同士の関係をつくるというよりも，少しハードルが下がります。朝のアイスブレーク的な活動や，学習中におけるペアやグループでの交流などに取り組んでいる教師は多いと思います*18*19。ただ，それは授業の隙間時間などにそれを埋めるために実施されていて，思いつきで実施されているようです。子どもたちの実態を考

えると，意図的にやるべきだと考えています。

　私は，小学校の教師の頃，発問すると，まずノートに考えを書かせていました。書き終わったら，「じゃあ，隣の人にまず発表してみよう」などと言います。物語を読み聞かせます。途中で読むのを止めて，「隣の人に続きを話してみよう」と言います。ペアで交流した後に，「隣の人は何と言いましたか。レコーダーのように隣の人の意見を再生してみよう」と言います。帰りの会では，「明日が休みだったら，海に行きますか，山に行きますか」「宇宙旅行にたった1匹ペットを連れて行けることになりました。犬にしますか，猫にしますか」なんてお題を出して，おしゃべりをする時間を設定していました。ペア学習だなんて肩肘張らなくとも，自然におしゃべりができる環境をつくっておきます。

> **私は誰でしょう？**
>
> 出題者　　○○　　○○
>
> 1　私はにんじんがきらいです。
>
> 2　私の好きな色は赤です。
>
> 3　実は，小さい頃，骨折をしました。

　また，よくやったのが3ヒントゲームです。はがき大くらいの紙に，自分に関する3つのことを書かせ，それを回収して，朝の会や給食の時間などに数名ずつクイズを出します。やり方はいろいろですが，上の例のように，ヒントの1，2は当たり障りのないことにして，3に他の人が知らない意外なことを書いてもらいます。「実は」ではなく，1や2と同じように書いてもいいです。最初から，3つ読み上げて当てさせる方法もありますが，ヒント1から順番に予想させていくと，盛り上がります。その際は，たとえ正解が出ようが，3まで読んでしまったほうがいいです。そうすると，3つの情報すべてを紹介することができますから。

　子どもたち同士をつなげようとしない教師の教室では，子どもたちはつな

がろうとしません。子どもたちは，

 個別化された生活の中で人への積極的な関心を失っている

場合があるからです。お金さえあれば，欲しいものは欲しいときに大抵のものがコンビニで手に入ります。地方にいてもネットで注文すればほとんどのものは手に入ります。スマホなどの普及で，欲しい情報はすぐに手に入ります。インターネットはとても便利なもので，自分の知りたいものはどんどん調べることができます。しかし，多様性があるかというと，そうではありません。自分で調べますから，都合のいい情報だけ拾ってしまうというリスクがあります。つまり，すごく深く知っているようですが，それは，限定された情報の中で掘り下げているので，誤った情報を大量にもってしまう可能性があります。

　子どもたちは，非常に便利な生活の中で，多様性の理解や異質の交流とは逆の志向性をもってしまっている場合があるのです。こうした生活の中で，子どもたちは，自分にとって不都合なことや，思い通りにいかないことを受け止める力を弱めています。最も思い通りにいかないことが，教室における人間関係ではないでしょうか。ネット空間における人間関係は，志向性の似通った人たちで集まることが可能です。しかし，教室は便宜的に集められた空間ですから，その志向性はバラバラです。普通に話していると話題が合わないわけです。話をしていても面白くない，盛り上がらない。じゃあ，かかわるのはやめておこうという話になっても不思議はありません。でも，寂しいのは嫌なのです。だから，寂しくないだけの少数の仲間を確保したら，それ以上に人間関係を広げようとはしなくなるでしょう。

　他者に関心をもたない者が，社会貢献などあり得ないわけです。たまに他者に関心をもたず，社会に関心を向ける人がいます。しかし，その人が社会で実現しようとしているのは貢献ではなく，支配なのです。だから，社会貢献の力を育てるためには，他者への適正な関心を育てることが大事なのです。

> ✦ 自分にとって心地よい人間関係ばかりつくる人は，他者に関心がある
> のではなく，自分に関心がある

のです。ですから，人とつながっているように見えますが，社会性の発達段階からいうとそれは，低い段階で留まっていると言わざるを得ません。子どもたちに必要なのは，多様性のある人間関係をつくる力なのです。その基盤となるのが，他者への関心です。

> ✦ 他者への適切な関心を育てるためには，まずは，他者から関心をもっ
> てもらうこと

です。仲良しばかりではなく，いろいろな人から関心をもってもらうことが，子どもたちの他者への関心を育てることでしょう。

　やる気を高める教師は，学習者相互の適切な関心を育てることに気を配っていると言えます。しかし，あまり，難しく考えないでください。繰り返しになりますが，良好な関係性を構築してやろうなんて思わなくてよいのです。まずは，子ども同士が知り合う場を設定することなのです。

④ 日常がダメならすべてダメ

　安全基地としての教師の姿の中で，関心を伝え続けるということを述べましたが，ブロフィ氏の研究や，シャルボノー氏の実践から見える教師の姿は，まさに安全基地としての教師の姿と重なります。子どもたちは，安全基地が確保されたときに，挑戦を始めます。ですから，好意を伝えることができる教師の３条件は，順序性があると考えたほうがいいでしょう。

> ①　子どもたちを積極的に知ろうとすること
> ②　自分を知ってもらう努力をすること
> ③　この①，②の条件を実践している教師が，子ども同士のよい関係

性を育てようとすること

　この③を実践したときに，うまく機能するものだと考えられます。子ども
たちとの個別の信頼関係をつくらずして，子ども同士の積極的な人間関係の
構築やその広がりは期待できないと考えたほうがいいでしょう。そして，こ
うした日常生活の質を上げる日常の努力の上に，授業の工夫があり，授業に
おける好意の伝達が成功すると考えられます。

　シャルボノー氏は，次のように言います。

　「教科内容を教えることよりもむしろ，良い人間関係を創ることに最大限
の努力をすると，面白いことにどんどん深い内容を教えられるようになるの
です*20」

　このコメントから，シャルボノー氏のバランスのよさを感じます。シャル
ボノー氏は，教科内容がどうでもよくて，人間関係を創っていればそれでよ
い，なんてことは一言も言っていません。しかし，目的を達成するための入
り口の整備を実に周到に丁寧にやっているということをうかがわせます。わ
が国の議論は，中庸に立つことが苦手です。こうした話をすると，教科内容
か，人間関係かという議論をしてしまいがちです。シャルボノー氏の主張は，
授業の成功の条件の中に，子どもたちとの人間関係が組み込まれています。
しかし，私がよく目にする授業の後の協議会では，教師と子どもの人間関係
や子ども同士の人間関係が議論されたことは見たことがありません。まるで，
それは授業成立の条件には関係ないと言わんばかりです。

　授業を，「教材研究」「教授法研究」そして「学習者研究」の観点から分析
し，「学習者研究」の中に，学習コミュニティのあり方，つまり，学級集団
づくりを位置づけて，議論してくるべきだったのではないでしょうか。

　指導案の1ページ目の構造は，単元名，単元の目標の後は，大抵，「この
教材をこう解釈し，このような実態の子どもたちに，このような方法で授業
するつもりです」と書かれているはずです。どうも，真ん中が抜けてしまう
ようです。

「この教材を，こう教える」というところばかりに関心を向けるから，
蔑ろにされた子どもたちは，やる気を失ってしまった

のではないでしょうか。国際学力調査の点数は高いのに，学習意欲が低いと
いうこの「奇妙な状態」がつくり出されたのは，わが国のこうした授業づく
りのあり方に一つの原因があるように思います。

　今，見てきたように，授業の成功には，日常指導のあり方が深く関わって
いることがわかります。教材研究法や教授法研究をいくら深めても，授業の
成功を手にすることは難しいでしょう。授業の成功には，学習者を知ること，
つまり，子どもたちとの日常的な関係づくりがとても重要な位置を占めてい
るのです。あなたが本当に，子どもたちの満足感の高い授業をしたいと思う
なら，今すぐ，子どもたち一人ひとりとの信頼関係の構築に着手すべきです。

引用文献

*11　安野功『学力がグングン伸びる学級経営〜チームが育てば選手は伸びる〜』日本
　　　標準，2006

*12，*13，*14，*16　ジェア・ブロフィ著，中谷素之監訳『やる気をひきだす教師』
　　　金子書房，2011

*15，*20　野口桂子「アメリカの最優秀教員に学んだこと」児童心理5月号，金子書房，
　　　2014

*17　金大竜『日本一ハッピーなクラスのつくり方』明治図書，2012

*18　赤坂真二編著『クラスを最高の雰囲気にする！目的別朝の会・帰りの会アクティ
　　　ビティ50』明治図書，2016

*19　赤坂真二編著『クラスを最高の雰囲気にする！目的別学級ゲーム＆ワーク50』明
　　　治図書，2015
　　　学級集団づくりにおける雰囲気づくりの機能に注目し，学級集団の成長の段階に
　　　合わせた目的別に活動をそれぞれ50ずつ紹介。*18は，5分程度でできる朝の会
　　　や帰りの会で実施可能なもの。*19は，学級活動の時間などに実施できるもの。

第 **3** 節

集団指導に成功する教師と失敗する教師

1 集団指導に失敗する教師がわかっていないこと

　ここまで読んでくださったみなさんの中には，納得される方もいれば，「子どもたちと個別の信頼関係をつくることが，教師の指導力を高め，しかも，子どもたちのやる気を引き出すと。お説ごもっともですが，子どもたちは授業中寝そべっているし，私語はするし，ちょっと注意すれば教室から出ていくし，そんな子どもたちとまともな会話が成り立ちませんよ」と言いたくなる方もいるかもしれませんね。

　私も小学校の教師時代は，そういうクラスを担任しました。だから，気持ちはとてもよくわかります。しかし，ここで指摘しておきたいことがあります。

> 集団指導に成功する教師と失敗する教師には，認識の違いがある

ということです。みなさんは，「パレートの法則」をご存知でしょうか。イタリアの経済学者ヴィルフレド・パレート氏が提唱した，「経済において全体の数値の大部分は，全体のうちの2割が生み出している」という説です。もともとは経済環境において言われていたものが，社会現象などにも当てはめられるようになったようです。

　ビジネスの場面では，どんな組織でも，目的達成のために2割の人間が積極的に貢献し，6割の人間がそれに準ずる働きをし，残りの2割の人間が貢献できないなどの現象を説明するときに用いられ，「2：6：2の法則」などと呼ばれます。これは，学術的な根拠のある話というよりも，経験則に則

った話ですが，組織をマネジメントする立場の人から見ると，説得力のある話なので，ビジネスシーンではよく引用されているようです。

　学級集団づくりも組織の問題と言えますから，これを適用して考えるとわかりやすい場合があります。この問題については拙著で既に説明してあるので，ここでは詳細な説明は省きますが，学級集団についても，この法則がある程度当てはまると考えられます[21]。みなさんも，学級担任をしたり，授業をしたりしていれば，目的達成のために積極的な子と，消極的な子と，その中間にあたる子がいることはなんとなくは感じているのではありませんか。私は，それらを，協力層，中間層，非協力層と呼びます。

　クラスを荒らしてしまう教師は，このことが意識されていないように思います。通常の学級の状態を次ページの図2−4とします。協力層，中間層，非協力層が，2：6：2で配置してあります。この状態では，授業はとりあえず成立しています。なぜなら，協力層と中間層の子どもたち，つまり8割の子どもたちが教師に協力しているからです。気になる行動やちょっとしたルールの逸脱などをするのは，非協力層の2割です。しかし，クラスを荒らしてしまう教師は，この非協力層の子どもたちを「ちゃんとさせようと躍起になる」のです。

　厳しい口調で注意をする場合もあれば，口調は穏やかですが何度も注意する場合もあります。声のかけ方，働きかけ方は様々ですが，要するに，

✦ 注目のバランスが崩れる

のです。ちょうど，図2−5（p.114）の状態です。

　教師の注目をそれなりに感じていた子どもたちは，教師の注目の配分が変わったことに気づき，中間層の何割かが，非協力層になります。彼らは「日和見」をしているからです。非協力層が不適切な行動をして注目してもらえるならば，自分もそのようにしようと不適切な行動を始めるわけです。もちろん，子どもたちの中には意識的にそうしている子もいれば，無意識の子もいます。協力層の子どもたちは，それでもしばらくは我慢強く教師を支持し

てくれますが，それでも，注目の配分が少ない時間が長く続くと，非協力層にはならないとはいえ，何人かは，中間層に移ってしまう可能性がないとは言えません。

クラスの2割の子が，不適切な行動をしていてもそう大きく荒れたようにはなりませんが，次ページの図2－6のようにクラスの半数が不適切な行動を始め，クラスの1割しか，積極的な協力をしなかったら，クラスは荒れることでしょう。

ブロフィ氏の研究に見られる教師や，シャルボノー氏は，このことがわかっているのです。

安全基地の条件を思い出してみてください。

①　身体的・感情的ケアをしていること。

②　子どもの生活の中における存在として持続性・一貫性があること。

③　子どもに対して情緒的な投資をしていること。

クラスが荒れても，体調を崩した子のお世話をしない教師はいないと思い

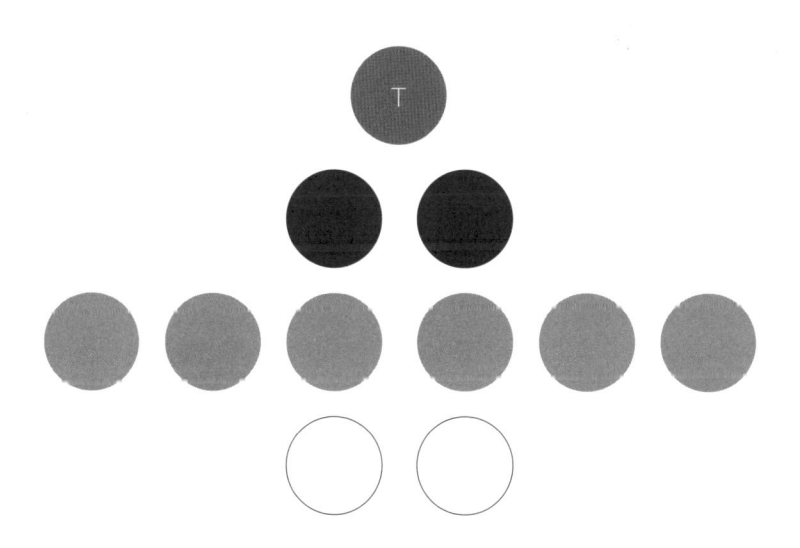

図2－4　通常のクラスの状態

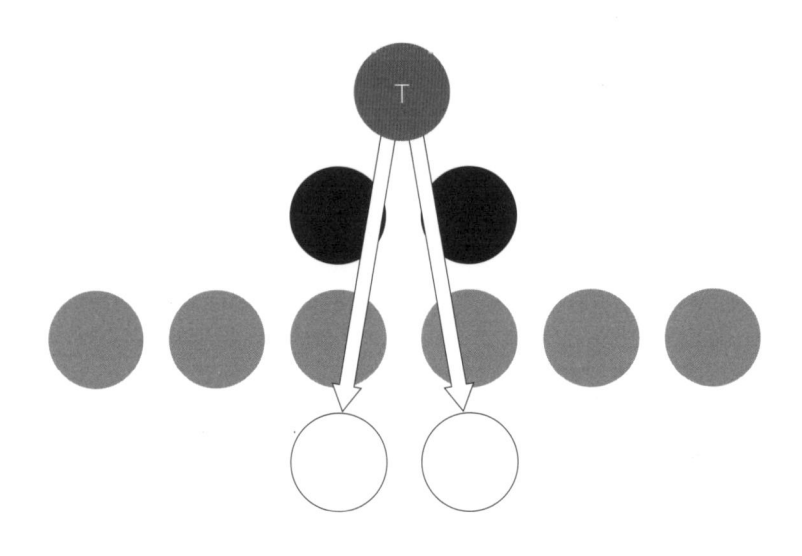

図2−5　荒れ始めのクラスの状態

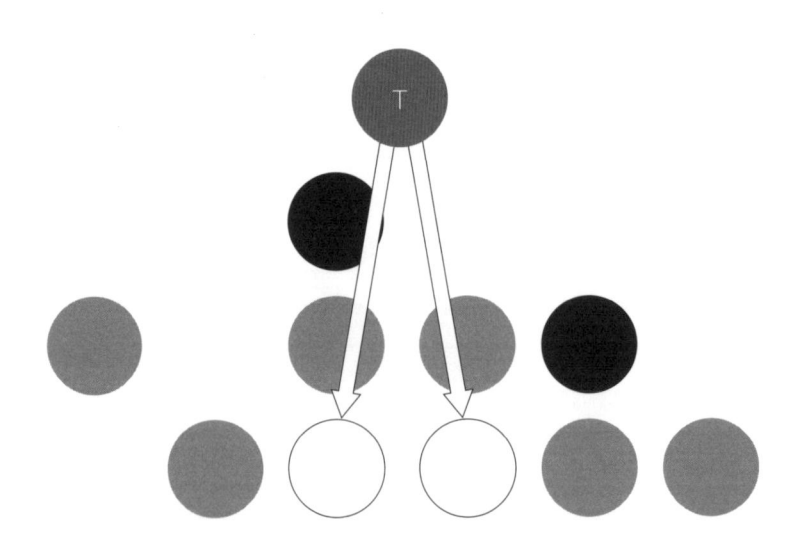

図2−6　荒れているクラスの状態

ますが，不適切な行動に振り回され，教師の行動や態度に安定性が欠けてくることは十分にあり得ます。そして，何よりも，一人ひとりへの共感的な態度や関心を向け続けるという情緒的投資ができなくなるでしょう。つまり，

> 教師の安全基地としての機能が損なわれることにより，子どもたちの信頼を失い，教師の指導性が削がれてしまい，クラスが荒れる

のです。クラスが荒れるメカニズムや，その克服法は，拙著に紹介しましたのでそちらをご覧ください*22*23。ここでは，そうならないための予防法に言及しておきたいと思います。

② 学級を荒らさない，温かでしたたかな戦略

　まず，注目の配分が崩れることによって，クラスが荒れの引き金を引くのですから，

> 非協力層の不適切な行動への過剰な注目をやめること

です。注意は3回までとか，きちんとできている子，取り組んでいる子をほめるというようにします。過剰な注目を欲しがる場合は，支援員さんなどを付けていただくようお願いして，人的補強をしたらいいでしょう。私は，それを要望しましたが，予算の関係で叶いませんでした。それでも，やり方によってはなんとかなる場合もあります。それについては，参考図書（*22，*23）をご覧ください。

　そして，最も大事なことは，協力層，中間層との信頼関係を強化し続けることです。なかでも，

> 多数派の中間層の支持を絶対に失ってはいけない

のです。彼らは，不適切な行動をしないし，過剰な注目を求めたりしません。わがままも言いません。目立たない子たちです。しかし，彼らがクラスの体

を成り立たせているのです。彼らの協力を得続け，その関係性を強化し続けることが，クラスの安定につながります。

　しかし，これは，決して非協力層を切り捨てるという話ではありません。まず，クラスとしての安定性をしっかりつくってから，時間をかけて非協力層と関係をつくっていきます。非協力層との関係づくりは時間がかかります。彼らの中には，人への不信感を学んでしまっている子もいます。だから，じっくりと向き合う必要があります。個別のアプローチも必要となってきます。そうしたときに，協力層と中間層の支持は必須なのです。彼らに支持され，クラスが安定するから非協力層にアプローチできるのです。

　たとえば，非協力層の子どもたちに個別配慮が必要なことがあるでしょう。彼らは離席をするかもしれません。しゃべってはいけないときにしゃべり出すかもしれません。また，彼らだけ授業中にペットボトルの水やお茶を飲むことを許可しなくてはならないかもしれません。そう，「特別扱い」が必要な場合が出てきます。そうしたときに，その必要性を教師が説明します。

　支持をされていない教師の説明を子どもたちが受け付けるでしょうか。教師への信頼が納得を生みます。ここで「○○ちゃんだけいいよね」という嫉妬を生むような構造のクラスでは，そこから荒れが始まります。また，授業中に別室指導が必要な場合があることでしょう。子どもたちに自習をしててもらうことになります。そんなときにクラスが荒れていたら自習などできるものではありません。

　信頼関係の強化の前に，どの子が，その層に入るのかが気になりませんか。私は時々，次のようにしてチェックしていました。30人程度のクラスだったら，1分くらいで子どもたちの名前をランダムに思い出してみましょう。どのような順番で想起されるでしょうか。恐らく，真っ先に出てくるのが，非協力層の子どもたちです。次に，適切な行動で目立つ協力層の子どもたち，そして，最後が中間層です。先頭から順番に，大体，2：6：2の割合で当てはめてみたらおよその3層は把握できることでしょう。ここで注目したいのは，

中間層の中でも最後のほうに出てきたり，思い出せない子

です。みなさんの関心が薄れている，または，子どもたちから見たときに注目されていないと自覚している可能性のある層だと考えられます。

　もっと配慮しなくてはならないのは，これを定期的（1週間に1度くらい）に実施してみたときに，いつも後に来る子，いつも思い出せない子がいないようにすることです。そういう子の安全基地になり損ねている可能性があります。定期的にこれをやると，どの子とかかわりが薄くなっているかわかります。かかわりの薄くなっている子がいたら，次の日，または次の週から重点的にケアします。

　ケアとは特別なことではありません。話しかけることです。温かく名前を呼び，挨拶をし，おしゃべりをすることです。なんだ，当たり前のことだと思ったのではないでしょうか。でも，その

 当たり前の積み重ねが，安全基地となる教師の日常

なのです。

　みなさんは，子どもたち一人ひとりと個人的な話題をもっているでしょうか。これが2つ目のチェックです。子どもたち一人ひとりの顔を想起したら，一人ひとりとどんな個人的な話題をもっているかチェックしてみてください。あの子とはあのアーティスト，あの子とはあのキャラクター，あの子とは昆虫……。

　こうしたことを可能にするためには，やはり，日々の子どもたちとのコミュニケーションを忘らないことです。私は，自学帳で日記を書かせていたので，それが，貴重な子ども情報の収集源でした。また，それが子どもと個別のパイプそのものになっていました。小学校4年生くらいになると，特に女子は，保護者にも自学帳は見せない子がけっこういました。保護者の話によると，「先生と私だけのノート」と言っていたそうです。教師と子どもたちにとっては，個人的な話題が，一人ひとりとのパイプになります。

クラスを荒らさないための手立てを整理しておきます。

① 定期的に一人ひとりの名前を想起して，「いつも同じ子が後になっていないか」,「思い出せない子がいないか」チェックする。
② 想起されるのが後になりがちな子，思い出せない子には，次の日に話しかけるなどすぐにケアのための行動をする。
③ 日記（個人ノート）や日頃のおしゃべりを通して，一人ひとりと個人的な話題をもつ。

　これらは，中間層を確実に味方につけるしたたかな手立てとも言えますが，中間層だけにこれをしているわけではありません。全員を対象に実施するわけです。つまり，中間層との関係を強化するというよりも，クラスに，協力層，中間層，非協力層などの階層構造をつくらないようにする手立てと言えます。全員を協力層にするつもりで取り組むのです。クラス全員との信頼関係は教師としての温かさが試されますが，優しさや情熱だけではなく，そこには，計画的に集団を育てるというしたたかな計算が必要です。

③ 関係づくりにおける会話量に秘められた謎

　子どもたち一人ひとりの安全基地になることの意味やそのためには日常のコミュニケーションが大事だということを，ここまで比較的観念的に述べてきました。

　それでは，どのようなコミュニケーションが大事なのでしょうか。本書では，「やり方」よりも「あり方」が大事だと一貫して述べてきました。しかし一方で，「やり方」がわからないと最初の一歩が踏み出せないことも事実だろうと思います。そこで，ここでは「あり方」を踏まえた上で，「やり方」に言及してみたいと思います。

　木村治生氏は，ベネッセ教育総合研究所の調査をもとに，「親子の会話量が多いほど，長い時間を学習に費やす傾向が読み取れる。この傾向は，小学

生から高校生まで同様である」ことを指摘し，さらに「会話が豊かな家庭は子どもの精神的な安定をもたらし，より学習に向かいやすくする。また，会話そのものが知的な情報や学習の価値を教えたり，学習の目標や進路について考えたりする機会をもたらす。そうしたことが，学習行動に結びついているのだろう」と言います[24]。

　これは親子間の関係性における調査結果ですが，これまでの本書で述べてきたことからすれば，教室における教師と子どもたちの関係性に置き換えることが可能なことは，無理がないのではないでしょうか。

> ✦ 豊かな日常会話は，子どもたちの精神的安定をもたらし，子どもたちのやる気につながっている

と考えることができそうです。

　また，会話と対人関係について，小川一美氏の研究が注目されます。小川氏は，二者間において発話量のつり合いがとれている会話では，相手に対して好印象を抱くこと，また，さらに，相手や会話に好印象を抱くことと，相手との将来の関係性に対して肯定的な認知の関連があることを明らかにしました[25]。つまり，会話はただ単に量が多ければいいというものではなく，両者の発話量のバランスが大事なのです。発話量のバランスのよい会話は，会話者にその会話を楽しいものとして認知させ，会話の相手に好感をもたせ，その人との将来の関係性にもよい期待をもたらすのです。

　会話をただのおしゃべりとバカにはできないようです。みなさんは，子どもたちとどんな日常会話をしていますか。小川氏の研究でさらに注目したいのは，初対面のような関係性の初期段階における会話のあり方です。従来は，相手の話を聞くことが大事だとよく言われていたと思います。話を聞くことが関係性をつくるといった主張は数多く耳にします。しかし，小川氏は，初期段階においては，「話し手として会話をリードする役割を取ることが効果的」だと指摘します[26]。

　確かに，関係構築の初期の段階から話が弾むとは限りません。最初は相手

が何者か探りながら話が進むことでしょう。特に話が苦手な人の場合は，自分から話題を見つけたり，話を広げたりすることにストレスを感じる場合もあります。だから，

 最初は，教師のほうが話をリードしていき，段々と，発話量を同じくらいに調整していくことも必要な配慮

ではないでしょうか。大人同士の場合は，ある程度双方向性の会話が展開されることが期待できますが，子どもたちはそうはいきません。教師が話しかけても，無言であることがあったり，単語程度しか返ってこないことがあります。しかし，だからといって会話をその程度にしたり，会話そのものを諦めてしまっては，子どもたちの安全基地になることはできないでしょう。子どもたちのやる気を引き出すなんてことは夢のまた夢となってしまいます。そして，さらには，みなさんの

 教科のプロとしての知識も技術も，授業の中で十分に生かされなくなってしまう

のです。

　自分から話しかけてくる子どもたちとの関係づくりはそう苦労しません。向こうがつながるための具体的行動を起こしてくれているからです。しかし，教師にとって意識をしてつながっていかなくてはならないのは，自分から話しかけてこない子どもたちです。この子どもたちとどうつながるかが，クラスの安定の要なのです。ここに，非協力層や中間層の子どもたちが含まれているからです。

　では，安全基地となる教師は，どのように会話をしたらいいのでしょうか。

④ 会話のプロに学ぶ温かな日常をつくる極意

　温かな日常会話をするプロたちがいます。精神対話士と呼ばれる人たちです。財団法人メンタルケア協会によると，「孤独感や寂しさ，心の痛みを感じている人（クライアント）に寄り添い，温かな対話を通して気持ちを受け入れ共感し，人生に生きがいを持ち，よりよい生活を送れるよう精神的な支援を行う心の訪問ケアの専門職」です[27]。財団法人メンタルケア協会とは，医師たちによって設立され，精神対話士の育成，認定，派遣を行っている団体です[28]。

　子どもたちみんなが，孤独感や心の痛みを抱えているわけではありませんが，寄り添うことや温かな対話の専門的なテクニックは，教師にとってもとても参考になることでしょう。また，子どもたちは，様々なことが起こる小さな社会である教室において，日々，喜びを感じたり，逆に傷ついたりしています。温かな日常会話を積み重ね，心のエネルギーをためておくことはとても大事なことだと思います。精神対話士のテクニックは次の5つに分類されています[29]。

① 相手の存在を認める

② 相手の言動に関心をもつ

③ 相手の成長を促す

④ 相手のやる気を引き出す

⑤ 相手のことを高く評価する

　これらをきっかけにして，教室で役立ちそうな会話のサンプルを私なりに提示してみたいと思います。しかし，注意していただきたいのは，以下に示すのは，私がこれまでに有効だと実感した「やり方」の一例にすぎません。実際には，みなさんの教室で，子どもたちとの関係性の上でうまくいくかどうか判断して試してみてください。

1 相手の存在を認める

　子どもたちと毎日必ずとるコミュニケーションは何でしょう。筆頭に来るのが挨拶ではないでしょうか。みなさんは，挨拶をするときにこれを意識しているでしょうか。挨拶をするときに「あなたを認めていますよ」という思いを込めてやってみてください。何気なくする挨拶とは少し違ってくると思います。きっと，相手の目を見たり，立ち止まったり，笑顔になったり，相手の名前を呼んだりするかもしれません。

　また，休日が明けたときにどのような声をかけますか。声をかける言葉は何でもいいのです。大事なことは，休日の間も相手に気をかけていたことを示すのです。「元気だった？」「何していた？」なんて声をかけてみたらいかがでしょうか。小学校のように毎日顔を合わせていたら不自然ですが，中学校や高校では，校内で久しぶりに会うなんて生徒もいるだろうと思います。そんなときに，「久しぶり〜」とか「おお，最近どうしていた？」と声をかけます。これも，相手を認めているからこその言葉です。

　また，「おはよう」「最近どう？」などと声をかけるときに，子どもたちの目を見て，近寄って話しかけます。先ほどの話と少し重なりますが，相手は

私たちの言葉だけを受け取っているわけではありません。相手を認めているからこそ，声をかけ，立ち止まり，笑顔を向け，近寄るのです。

> ✦ **子どもたちは認めてもらいに学校に来ている**

のです。それくらいに思って，声をかけるのです。

　また，子どもたちと話をするときにまず受け入れます。いちいち評価をしません。「それは，すごいね」「それは，いいね」「それはどうかな」とかそういった価値づけは一旦置いておいて，話を丸ごと受け止めます。子どもたちは話を受け入れてほしいのです。時々，悩ましいのは，下記のような「話」です。

　「先生，聞いてよ。○○先生，ほんとむかつくわ〜」といった場合，この子が聞いてほしいことは何でしょう。「むかつくなんて言うもんじゃないよ」と言ってしまったら，もうこの子は話をしなくなるかもしれません。この子が受け止めてほしいのは，「怒り」「腹立ち」「苛つき」などの感情です。私たちは，大抵の場合，感情を認めてほしいと思っています。感情は，その子の存在そのものだととらえていいのではないでしょうか。

❷ 相手の言動に関心をもつ

　安全基地の条件の中に，「感情的投資をする」そして，それは関心をもち続けることと述べましたが，関心をもたれることが子どもたちのモチベーションを高めることは間違いありません。関心を示すには，気づくことです。そのためには，しっかり子どもたちを見ていなくてはなりません。「よく話を聞いているね」「姿勢がいいね」といった声をかけることから，視線を合わせる，子どもたちが行動したときに頷くなど，何らかのアクションを起こすことです。

　私は教室に入ったときに，まず，気になる子と目を合わせて頷いたり，小さくほほえむようにしました。他の子に気づかれない程度にです。いや，声をかけたかったのですが，他にも大勢声をかけなくてはならない子がいて，

その中でも彼は気になる子のナンバー3か4くらいだったのです。しかし，放っていたら，どんどん関係性が切れてしまうような子でした。どうも教師という存在に不信感をもっているようで，決して自分からは話しかけてきませんでした。しかし，ある日，母親に「母さん，今度の先生は，今までと比べてマシかも」と照れながら言ったそうです。母親はそれを嬉しそうに私に伝えてくれました。

　目配り気配りとはよく言ったものです。視線が，教育力をもつと感じた瞬間でした。ちょっとしたことでも気づいたら声をかけるのです。「髪型変えた？」「いつもと服の感じが違うね」「ちょっと今日は疲れてる？」，何でもいいのです。「あなたに関心をもっている」ということを「伝え続ける」のです。言葉じゃないのです。この場合，関心を伝える道具です。

　だから，感情のほうが効果的なことがあります。先ほど，頷くと言いましたが，「おお」「おおっ」「おお～」（「お」だけでも多様な感情を表現できますね）などと驚いたり，感心したりすることでも関心が伝わります。子どもたちのよさを見つけて，そこを肯定的な感情を示すだけで，それは「ほめる」ことになります。ほめることが苦手な人は，ほめ言葉を駆使しようとするのではなく，

✦ 「よい事実」を指摘するだけでいい

のです。「ロッカーが整理されているね！」「机をそろえてくれたんだ！」「片付けてくれたの!?」何でもほめ言葉になります。

　しかし，ほめることが大事なのではありません。教師が，子どもたちのことを「いい人間だ」と思っていることを伝えることが大事なのです。関心を示すといっても，子どもたちのよさに関心を向けるのです。

③ 相手の成長を促す

　子どもたちは誰しも進歩したい，そして，誰しも自分のよさに注目してほしい，そこに注目します。子どもたちは毎日，多くのチャレンジをしていま

す。

 以前よりも少しでもよくなっていることがあったら，すかさず，そこ
を指摘する

のです。「昨日よりも音読の声が大きくなったね」「この前の時間よりも，声
がそろってきたね」「1学期よりも，たくさん書けるようになってきたね」，
子どもたちを継続的に見ている教師だからこそできる声かけです。成長に注
目された子は，さらに成長しようとします。同様に，努力に注目された子は，
さらに努力をしようとします。「結果よりも過程に注目せよ」というのは，
結果に注目すると，それは，その場限りの評価になって継続的な力につなが
らないのです。

　「100点，すごいねぇ」と言うよりも「100点とるくらいにがんばったんだ
ね」，「絵が上手に描けたね」と言うよりも「これだけの絵を描くのは，とて
も大変だったでしょ，がんばったね」と言ったほうが，努力をするようにな
るでしょう。また，「お話をよく聞けたね」と言うよりも「お話を聞こうと
したね」，「姿勢がよかったね」と言うよりも「姿勢をよくしようとしたね」，
「発言ができたね」と言うよりも「発言しようとしていたね」と言ったほう
が，その行為をしようとする意欲を喚起することでしょう。成し遂げたこと
を評価するよりも，成し遂げる過程，成し遂げようとした意欲に注目したほ
うが，子どもたちは，努力ややろうとすることの尊さを学ぶでしょう。

④ 相手のやる気を引き出す

　やろうとしたことに注目することは，当然やる気を引き出すことにつなが
ります。直球勝負の直接的な声かけと言えます。ここで示すのは，変化球の
ような間接的なやる気へのアプローチです。

　ちょっとテストをしてみましょう。想像をしてみてください。まず，「大
丈夫？」と言われているところです。よろしいですか。次に，「大丈夫だよ」
と言われているところです。違いに気づいたでしょうか。後者のほうが，な

んとなく安心しませんか。そう，言葉はとても似ていますが，効果は随分違います。「大丈夫？」は，心配してくれているのですが，もしかしてダメかもという，否定の期待が含まれます。しかし，「大丈夫だよ」は，きっとうまくいくという肯定の期待を示す言葉です。しかも，声をかけられる側への信頼も示されるので私たちは勇気をもつことができます。

　やる気を引き出すには，安心させるということも有効です。また，「ちょっと教えてもらいたいんだけど」と自尊心を刺激することもやる気が高まります。「教えて」とか「相談にのってくれる」というのは，相手に信頼を示す言葉です。相手に信頼されることで私たちはやる気になります。

　また，心から，「ありがとう」と感謝を伝えることも，私たちのやる気を刺激します。なぜならば，私たちは親和動機という，誰かとつながりたいという欲求をもっています。つまり，親しく結びつきたいのです。また，誰かの役に立ちたいと思うのです。だから，感謝されるとやる気になります。

 　安心感と信頼と感謝を伝えることが，子どもたちのやる気を引き出す

のです。

⑤ 相手のことを高く評価する

　これは，相手を認めること，関心を示すこと，成長を促すこと，やる気を引き出すことすべての要素が含まれています。要は，

 　相手に尊敬の念を示すこと

です。子どもたちはみんな自尊感情をもっています。それを刺激します。当たり前のことですが，目の前の相手が自分をバカにして見下していたらあなたはやる気になるでしょうか。もちろん，なかには根性のある人がいて，「見返してやる」と発憤してがんばる人もいますが，やる気になる人とならない人を数で比較したら，前者は圧倒的に少なくなることでしょう。自分に敬意を向ける人に私たちは，心を温められ，勇気をもらい，行動を起こすの

です。

　「あなたのこと，信じているから」「大丈夫だって，思った通りにやってごらんよ」「いろいろ考えたけど，君しかいない」「私の力じゃ解決できないから力を貸してほしい」「ちょっと教えてくれないかな」など，信頼と尊敬を寄せる言葉がたくさんあると思います。みなさんは，クラスのことで子どもたちに相談をしていますか。特に小学校，それも，低中学年の教室で多く見られるのは，すべてのことを教師が決めすぎていることです。第1章でも述べたことですが，

> ✦ 高い指導性と「子どもたちだけでは無理」または，「子どもたちに任せて
> いたら時間がかかる」という思いが，子どもたちのやる気を削いでしまう

のです。子どもたちを信頼し，任せてみることで，子どもたちはやる気を出します。教師はもっと子どもたちを頼っていいし，もっと任せていいと思います。クラスの問題を共有し，悩み事の相談を投げかけて，その解決に向けてどんどん子どもたちにチャレンジさせたらいいと思います。

　かつての私のクラスに，クラスメートと全く遊ぼうとしないエイタ君（小5男子）がいました。彼は2学期になって転入してきました。2か月経っても，いっこうにクラスメートとかかわろうとせず，休み時間にひたすら読書をしていました。話を聞いてみると，最初は，「読書が好きなんです。ボクは前の学校で読書チャンピオンって呼ばれていたんです」と言い張っていましたが，しばらくすると，ポロポロと涙を流し，前の学校でいじめられていたことを告白しました。彼は，本当は友達と遊びたいと言います。「だったら，それを今のクラスのみんなに相談したらいいよ」と提案してみました。最初，彼は戸惑っていましたが，やがて，意を決したように「やってみます」と言いました。

　さすがに，子どもたちにはいじめのことは隠しましたが，「エイタ君が相談があるんだけど，のってくれないかな。ちょっと先生の力では無理だから頼むよ」と相談をもちかけると，子どもたちは身を乗り出して，「なにな

に？」と耳を傾けました。エイタ君が「実は，友だちが欲しいけど，勇気が
なくてみんなと遊べなかったんです」と言うと，子どもたちは，「な〜んだ
そんなことか」「ボクの家においでよ」「一緒に野球部やらない？」「一緒に
係活動やろうよ，ちょうどメンバー探していたんだ」などと口々に提案し，
2か月，悩みに悩んでいた彼の葛藤は，ものの5分で解決しました。子ども
たちが，私，そして，エイタ君の信頼に応えてくれたのだと思います。

　また，もし，私が子どもたちを尊敬せず，「子どもたちに相談しても無理
だ」と思い，「自分でなんとかしよう」と思ってしまっていたら，きっとエ
イタ君の悩みはまだまだ続いたことでしょう。そして，もし，私が「エイタ
君は，自分で問題を解決する力のないかわいそうな子」だと思ってしまって
いたら，こうした解決策を提案することはなかったでしょう。エイタ君とク
ラスの他の子どもたちを信頼しているからこそできたことです。

　①〜⑤の視点は，いかがだったでしょうか。みなさんが，普段からやって
いることも多くあっただろうと思います。普通のことだと思います。しかし，
プロの技とは，

 当たり前のことを特別なレベルまで磨き上げたもの

を言うのだと思います。当たり前の温かな一言が組み込まれた日常会話を積
み重ねることによって，子どもたちの自尊感情が刺激され，やる気が引き出
されていくことでしょう。

引用文献

*21　赤坂真二『スペシャリスト直伝！成功する自治的集団を育てる学級づくりの極
　　　意』明治図書，2016

*22　赤坂真二『「気になる子」のいるクラスがまとまる方法！』学陽書房，2011

*23　赤坂真二・つちやまなみ『マンガでわかる「気になる子」のいるクラスがまとま
　　　る方法』学陽書房，2015
　　　クラスが荒れるメカニズムを理論と具体的事例を通し解説し，その克服法を示し

た。＊23は，＊22の世界が漫画家つちや氏によって再現されている。文字だけでは表せなかった荒れたクラスや落ち着いたクラスの雰囲気が見事に再現されている。理論的に理解したい人には前者，視覚的に把握したい人には後者がお勧め。

＊24　木村治生「何が「家庭での学習」を促すのか―親子関係を中心に考える―」，ベネッセ教育総合研究所「第2回子ども生活実態基本調査報告書」，2009
ベネッセ教育総合研究所が，「小学生・中学生・高校生の生活や学習に関する実態や意識をとらえる」目的で，「日ごろの生活（生活時間、放課後の生活など）／学習の様子／親子関係、友だち関係／将来展望／自分自身について／メディアとの接触／小さいころからの体験」などを調査した。
関連ＷＥＢサイト http://berd.benesse.jp/shotouchutou/research/detail1.php?id=3333

＊25，＊26　小川一美「初対面場面における二者間の発話量のつりあいと会話者および会話に対する印象の関係」名古屋大学大学院教育発達科学研究科紀要 . 心理発達科学47.2000

＊27，＊29　財団法人メンタルケア協会ＨＰ　http://www.mental-care.jp/

＊28　財団法人メンタルケア協会編著『対話で心をケアするスペシャリスト《精神対話士》の「ほめる」言葉』宝島社，2008

第4節

ほめると叱るの黄金比

1 叱ってはいけないのか

　さて，ここでは，子どもたちへの肯定的な声かけのことについて触れてきましたが，叱ることについても触れないとリアリティを欠く話になると思います。子どもたちは望ましい行動だけをするわけではありませんから，子どもたちを叱る必要が出てきます。しかし，一方で，「叱ってはいけない」ということを言う主張もあります。保護者と話をしていると，「先生，また，子どものこと叱ってしまいました」と叱ることに対して罪悪感を抱く保護者も多いようです。

　私が小学校の教師になった1989年当時は，よく研修に行くと「子どもたちをほめなさい」と指導されました。しかし，研修でこんなことを指導するということは今までよほど子どもたちをほめていなかったということの裏返しのように思います。そもそも，この「ほめて育てよ」という主張が始まったのは，1980年から1990年くらいだと言われています。日本の子どもたちの自己肯定感が低いということが，国際調査などから明らかになってきたからです。また，1980年代に全国を吹き荒れた校内暴力を沈静化するためにとられた管理的な教育が，いじめや不登校の原因になってしまったという指摘に対する反動からそうしたことが言われたのだろうと思います。

　教師も親も叱らないほうがいいと頭では思っています。しかし，現実には，叱らざるを得ない場面が多々あり，叱る，すると，罪悪感を抱いてしまいます。その結果，教育や子育てに自信がもてなくなる，という悪循環が起こっているように思います。

現状があると見ています。叱ってはいけないのでしょうか。みなさんは，どう考えますか。

2 成長のためのネガ・ポジバランス

　このことについて，心理学者のバーバラ・フレドリクソン氏は興味深い研究をしています。「ポジティビティはネガティビティの３倍を超えたとき初めて，人が繁栄するのに十分な量となる」という予想を，心理学的な実験によって実証しました[30]。ポジティビティとは，ポジティブな感情，ネガティビティは，ネガティブな感情ととらえておいていいでしょう。また，脳科学の視点から，篠原菊紀氏も「正の強化と，負の強化の強さは，１対３〜４」と指摘し，「１回叱ったら３〜４回ほめろ」という教育現場で従来から言われてきた教育法を支持しています[31]。

　フレドリクソン氏の指摘は，ほめること，叱ることといった行為を限定していません。あくまでも２つの感情の量的バランスのことを言っています。しかし，篠原氏の主張と合わせて考えれば，ほめることはポジティブな感情を生起するだろうし，叱ることはネガティブな感情を生起するともとらえることができます。したがって，叱ることとほめることのバランスは，１対３〜４程度が，子どもたちの成長のためには適切だと考えられます。

　しかし，両者ともネガティブ感情や叱ることの必要性を述べているわけではありません。特に，篠原氏は，脳内での主観的な損得のバランスがとれる比率を指摘している話ですから，叱らなくてもいいのではという疑問も起こってきます。ただ，フレドリクソン氏は，ネガティビティは，日常生活の中には必ずあるものであり，むしろ，それがないほうが不自然であり，「これら相反する力が，人を力強く現実的にする」と言います[32]。また，篠原氏も，生物にとって，叱るほうが学習効果が高いことは認めています[33]。

ほめて育てることは，時間がかかるようです。また，ほめるだけの教育は理想的ですが，非現実的です。大勢の子どもたちが様々なことをしています。見守っていい場合，見過ごしていい場合ばかりではありません。緊急避難的に，早急な改善を求めなくてはならない場合もあるでしょう。例えば，自分の命を危険に晒したり，他者に危害を加えたりなどのことは，じっと改善を待ってはいられません。叱らなくてはならないこともあるでしょう。

　学校という限定された時間の中で，決められた内容の教育活動をする場合は，叱る場面も出てくるということです。また，フレドリクソン氏が言うように，実際にほめられてばかりのような，いい気分だけを味わう生活は，現実生活の中では想定しにくい事態です。叱られたりしてネガティブな感情を味わう時間が一定時間あることは，子どもたちに現実生活を生きる者としての構えを育てることでしょう。

　だから教師や大人は，

 子どもたちの真の成長を願っていたら叱ることを恐れることはない

だろうと思います。それよりも，その3倍から4倍程度，しっかりとほめることを意識することのほうが大事だと思います。

　ただ，子どもたちを1回叱ったら，その3倍も4倍もほめることを一人ひとりに保証することは至難の業だと思います。だから，ここまで述べたように，教師が上機嫌で笑顔で過ごし，温かい言葉の流通する温かな教室をつくることが大事なのです。そうした

適切なリーダーシップをとらず関係づくりもしない教師が，子どもたちを闇雲にがんばらせたり，うまくいかないからといって叱っているのは，指導でも教育でもなく，単にやる気を奪い取っているだけである

ことを指摘しておきたいと思います。

3 よい教師になるということ

　前にも述べましたが，私はそろそろ学級づくりとか学級集団づくりという言葉を使うことをやめてもいいのかなと思っています。学級経営が学ばれない現状で，この言葉を使い続けることによって，ますます，授業づくりと学級集団づくりの分業化が進み，子どもたちのやる気を高めるためのマネジメントをしている心ある教師が「無駄なことをしている」ような目で見られるのは，困った事態です。

　学級集団づくりは，子どもたちに学力を含めた，総合的な生きる力をつけるための基盤となる営みです。だから，学習コミュニティづくりとか，学校生活意欲づくりなどの名称にしたらどうでしょうか。子どもたちのやる気につながる力を削ぎ落としながら，学力という名の学習内容だけを教えていく教育から早く脱却しましょう。

　最後に教科指導のプロである，シャルボノー氏の言うよい教師の条件を示して本章の締めくくりとしたいと思います。シャルボノー氏は，どの国でももっているよい教師の姿として，「親が自分の子どもを見守るのと同じまなざしで子どもを観ていること」，「一人一人の子どもとよい人間関係をもとうと努力していること」，「生徒をいっぱい笑わせること」を挙げています[34]。

　子どもたちを親のように見守り，よい関係をつくろうとしている教師は数多くいることでしょう。今，あなたがやっている努力をどうぞ続けてください。もし，子どもたちを笑わせることが苦手だったら，子どもたちと一緒になって笑っていればいいでしょう。安全基地としての教師が，子どもたちの主体性を引き出し，学校や教室を彼らのやる気に満ちた場所にすることでしょう。

　私が考えるよい教師とは，それはよい人柄であることや熱意があることや，また，教え方が上手である人のことではありません。もちろん，それらは必要条件ではあります。しかし，本来教育は，未来への投資です。投資には見返りがあります。その見返りは，もちろん，教師の思いを実現することでは

なく，よい社会をつくることです。子どもたちがよい社会をつくってくれたら当然，その福利は私たちに届くことでしょう。そのよい社会をつくる力とは決して，教科書に書いてある内容や思考力や表現力などの学習に直結する能力のことではありません。それは，子どもたち自身が，よい社会をつくろうとか他者や社会に貢献しようという思いが基盤になります。子どもたちがそんな思いをもつためには，教師や親，大人たちが子どもたちの「今，この瞬間」に向き合うことです。決して，「今のままでは大変なことになる」と不安をかき立て，あれこれ詰め込むことではないと思います。

引用文献

*30, *32　バーバラ・フレドリクソン著，高橋由紀子訳，植木理恵監修『ポジティブな
　　　人だけがうまくいく3：1の法則』日本実業出版社，2010

*31, *33　篠原菊紀「脳科学の視点から見た子どもを伸ばす叱り方」『総合教育技術』
　　　6月号，小学館，2012

*34　野口桂子「アメリカの最優秀教員に学んだこと」『児童心理』5月号，金子書房，
　　　2014

第3章

学級機能アップ

チェックポイント20

～集団を育てるための

定期点検リスト～

① 学級集団づくりにも定期点検を

　学習に関する成果は，単元ごとのテストや各種学力調査によって定期的に確認されます。しかし，学力向上の基盤は学級集団づくりだと言われながら，

 学級集団づくりについては，明確なものさしがなく，また，それに基づく定期的な確認もなされていない

のが現状です。

　学級が通常に機能していれば，学習面での遅れは，取り戻すことは可能です。学級が機能していたら，教師の投げかけや各種教育技術を起動させることが可能だからです。しかし，学級が機能していない場合は，一つ一つの教育活動の遂行が困難になりますから，カリキュラム運営上，かなり厳しい状況に置かれることになるでしょう。つまり，

 学習の遅れは取り戻せる，しかし，学級づくりの遅れは取り戻すことが極めて困難である

と言わざるを得ません。

　本書の主張に基づき，学級づくりが効果的になされているかを点検するチェックリストを作成しました。

　これを本書で示す5期に分けてチェックしてみてください。なお，これは私が研修を担当させていただく学校の第1回目に必ず実施する内容です。学力を上げたい，集団の機能を高めたいというときに，教師のリーダーシップの変換を含めた学級集団づくりの基礎・基本ができていないと，教育活動は成果を上げることはできないからです。まず最初に，意識していただきたいことがリストアップしてあります。

② 学級機能アップチェックリスト

● ゴールイメージ

□1　学級づくりのゴールイメージがある

　子どもたちと別れるときのゴールイメージがありますか。子どもたちとあなた，子ども同士はどんな関係で，子どもたちはどんなことができるようになっていて，学級はどんな雰囲気なのでしょうか。理想の学級の姿がありありとイメージできますか。また，それが言語化できますか。

□2　本気でそのゴールイメージを実現したいと思っている

　子どもたちを変えるのは，打ち上げ花火的な取り組みではなく，日常指導の積み重ねです。日常指導は，技術的な働きかけよりも，あなたのあり方を含めた働きかけによることが大きいのです。子どもたちの望ましい行動に対する，教師の表情やちょっとした声かけなどの積み重ねによって子どもたちの行動が変容してきます。意図的で継続的な働きかけが起こってくるためには，教師の本気が必要になってきます。心から湧き立つような願いがないと，そうした指導が生まれてこないのです。ゴールイメージを誰かに伝えたときに，あなたがわくわくしていれば，あなたは本気です。

□3　ゴールイメージを子どもたちに折に触れて伝えている

　成果をあげるリーダーは，ゴールイメージをメンバーと共有しています。日常的に，子どもたちにゴールイメージを伝え，望ましい行動をほめ，喜び，その逆の場合には，指摘したり，修正を指示したりします。そのためには，ゴールイメージを子どもたちにわかる言葉で，折に触れて伝え，共有することが大切です。

□4　子どもたちの前で，よく笑っている

　子どもたちは教師の感情のあり方に敏感です。子どもたちから見たら教師の表情は天気と同じです。「晴れていてほしい」と思っています。機嫌の悪い教師から子どもたちは段々と離れていきます。しかし，機嫌のよい教師には引きつけられ，好きになります。

　機嫌のよさを表現するには笑顔が最も効果的です。よく笑う教師の教室には，子どもたちの明るい笑顔があふれます。

□5　普段から自己開示をして，人間らしさを見せ，自分のしてほしいこと，してほしくないことなどの価値観を伝えている

　普段から自分の価値観を伝えておくことは，自分の指導の正当性を高める上でとても大事な行為です。自分の価値観を伝えていくことなく，叱ったりほめたりしても子どもたちの納得が得られず，それが理解されない事態が起こります。

　また価値観を伝えるためにも，教師の好きなこと，嫌いなこと，失敗したこと，家族のことなど，学習に関わらないことも積極的に伝えます。そうすることにより，子どもたちとの距離が縮まります。教師の自己開示は，信頼感を高め，子どもたちの自己開示を促します。

□6　子どもたちのよさに注目し，よくほめる

　子どもたちは教師を見ています。まず，「この人は，自分に関心を向けている人かどうか」です。そして，次に「この人は，自分をプラスと思っているか，マイナスと思っているか」です。子どもたちの価値観は，非常に明確です。自分のことをプラスと思っている人の言うことを受け入れ，マイナスと思っている人の言うことは，拒否するか，無視します。

　子どもたちのよさに注目し，よくほめる教師は，自分の指導性を日々高め

ていることになります。

□7 叱ったときは，その後でフォローしたり，別なことでその3倍以上ほめたり認めたりしている

　昔から子育てにおいて，「1つ叱って3つほめる」と言います。叱られるほうがインパクトがあります。「1つ叱って1つほめる」では，子どもたちの心の中では，叱られた印象しか残らないのです。叱ったら叱りっぱなしにしないことが大事です。

　叱ってはいけないわけではありません。しかし，効果がない叱り方は，子どもとの関係が悪くなるばかりです。たくさんほめ，認める教師が叱ったときにその効果が現れるのです。

□8 子どもたちの体調や感情のケアをしている

　子どもたちに「温かく」接すると言います。これは具体的にどういうことなのでしょう。もちろん，仕草や言葉遣いも大事ですが，何を大事にしているかが重要です。まず身体面のケアです。風邪を引いた，お腹が痛いなど，本当にしんどいときに，それにしっかりと関心をもってあげることが温かさを示すことになります。

　次に，感情面への理解です。気持ちを理解するとはどういうことでしょうか。気持ちとは，喜怒哀楽などの感情です。不安なときそれを理解した上で，安心させてやり，喜びを感じているときは一緒に喜ぶなどのことが，子どもたちとの共感的関係をつくります。

□9 保護者と良好な関係をつくろうとしていて，そのための具体的な手立てをとっている

　本書では直接触れていませんが，学級の経営者として保護者との関係構築を軽んじてはいけません。保護者の支持は，担任にとって大きな勢力資源です。授業参観，懇談会，学級通信などあらゆる手段を使って保護者と良好な

関係を築くようにします。子どもたちと信頼関係を築くことと原理は同じです。よい関係をつくろうと常に意識して行動することです。子どもたちに「家族丸ごと愛する」教師の姿を示します。

● 教師と子どもの個人的信頼関係

□10　一人ひとりを知るための時間をとっている

　学級集団づくりには，子どもたちとの個人的信頼関係が必須です。ここを抜かして今の学級集団づくりはあり得ません。そのスタートは，子どもたち一人ひとりに関心を向けることです。そのためには，子どもたちと一緒にいない時間にも，子どもたちのことを考える一定の時間を確保します。当然，子どもたちと一緒にいるときは，挨拶し，質問し，おしゃべりし積極的につながろうとします。そうした日々の姿勢が，子どもたちと個人的信頼関係をつくっていきます。

□11　子どもたちの話をよく聞いている

　私たちはどんな人を信頼するでしょうか。すごくいい話をする人と，よく話を聞いてくれる人のどちらかといったら，後者です。教師は，グッドスピーカーである以前に，グッドリスナーであるべきです。子どもたちは，自分の話を聞いてくれた人の話を聞くのです。

□12　1日に1回は，一人残らず温かな声をかけている

　子どもたちは，温かい人が大好きです。かっこよさや面白さは，二の次です。教師と子どもたちのかかわりは長期戦です。長く触れ合っているためには，温かさが必要です。かっこよさや面白さは，インパクトはありますが，持続性はありません。人としての温かさが長く子どもたちを引きつけます。

□13　子どもたちの名前をランダムに思い出したときに，思い出せない子がいない

　子どもたちの学級生活においては，一人ひとりの居場所が必要です。では，子どもたちは，どこに居場所を見出すかと言えば，教室ではなく，まず教師の中に見出そうとします。教師の中にその子の居場所がしっかりとあれば，その子は，次第に子どもたちの中に居場所を見つけ出そうと行動を始めます。

　自分の中に子どもたちの居場所があるかを確かめる方法は簡単です。時々，子どもたちの名前をランダムに想起してみてください。スムーズに全員出てくれば，まずは合格です。

□14　中間層とつながるための具体的な手立てをもっている

　しかし，思い出せない子や，いつも後のほうになる子がいた場合は要注意です。教室には，教師の指導が入りやすい「協力層」と呼ばれる子，また，指導が入りにくい「非協力層」と呼ばれる子，そして，「中間層」と呼ばれる子がいると言われます。忘れてはならないのは，この中間層が最も多いことです。

　「協力層」は，その秀でた能力や，他者への貢献や，努力する姿でほめられることによって，また，「非協力層」は注意されたり叱られたりすることによって，教師の注目を得ています。しかし，「中間層」は，自分からアピールをしません。目立たないので教師との関係性が薄くなりがちです。そうした「中間層」とつながる手立てをもち，日常的に実践することが学級を安定させます。

● 子どもたちの関係性と主体性

□15　子どもたちが互いにかかわることや助け合うことの大切さや意味を伝えている

教師と子どもの良好な関係性で安定している学級は，集団として非常に脆い構造にあります。教師との関係性が悪くなったら，一気に学級が壊れる可能性があります。教師の指導性を安定させるためにも子ども同士の良好な関係が必要なのです。

しかし，子どもたちの中には私的グループがあり，そこに所属していれば，他の子とかかわる必要を感じない子もいます。そうした子どもたちに，人とつながるよさや助け合うことの必要性を常々伝えていく必要があります。

□16　子どもたちの知り合う機会が定常的に設定されている

関わることや助け合うことのよさを伝えた上で，実際に関わる機会，助け合うような場を設けます。スローガンだけでは子どもたちはつながりません。実際の活動を通して，つながる喜びを体験させます。

みなさんのクラスの子どもたちは，1単位時間にどれくらいおしゃべりをしていますか。また，1日にどれくらいおしゃべりをしていますか。また，1週間ではどれくらいですか。教師を媒介としないやりとりをどれくらい経験しているかが大事です。

□17　子どもたち同士に対人関係のルール，マナーが共有されている

子どもたちのつながりが広がるためには，ルールやマナーの共有が求められます。私的グループの中では，「阿吽の呼吸」で生活しています。しかし，大勢と関わるためには，共通の行動規範が必要です。特にコミュニケーションルールの共有は重要です。コミュニケーションのあり方が，その集団の人間関係のあり様を示すからです。みなさんの学級には，子どもたちの間に定着したルールがいくつありますか。

□18　子どもたち同士の温かな感情の交流がある

みなさんの学級は温かいですか。一番しんどい思いをしていると思われる

子の立場から学級を眺めてみてください。その子が困っているときにどれくらいの子が助けてくれますか。また，その子が嬉しいときにどれくらいの子が喜んでくれますか。学級の２割以上の子がそうであるならば，温かい学級です。

□19　子どもたちに学習活動や学級活動に進んで取り組もうとする意欲と行動する習慣がある

　一斉指導以外の場面でも子どもたちは意欲的に活動しますか。また，いちいち声をかけなくても，子どもたちは個人学習やグループ学習，清掃などの活動ができますか。学級が育ってくると，教師の細かな指示がなくても自分たちで判断して行動するようになります。このような学級では，教師に注意されなくてもルールを守り，また，仲間同士で学び合ったり助け合ったりする姿が見られるようになります。

□20　子どもたちが主体的に行動するシステムがあり，それが機能している

　よりよい生活のあり方を願って「お楽しみ会をしたい」「クラスのルールをつくりたい」「困っているから相談したい」などの声が子どもたちから上がるでしょうか。そうした声を吸い上げるシステムがあり，そのために話し合うような場が定常的に設定されているかどうかです。また，場を設定しているだけでなく，子どもたちがそこで，楽しいことを企画したり，学級生活に必要なルールをつくったり，問題を解決しているかどうかです。こうしたことができる学級を自治的集団と呼びます。

　これらのチェック項目に照らして，学級づくりを定期的に診断することをお勧めします。

　各期の末日あたりにチェック日を設けるといいでしょう。こうした評価は「定点観測」するように，同じ時期にするのが望ましいです。第1回目の評価は，5月の末日ということになります。3月は，チェック項目による評価とともに，学級のゴールイメージが実現できたかどうかも確かめてみてください。

　最後にちょっとした注意事項を申し上げます。ゴールイメージを実現することに躍起になると，ますますゴールが遠ざかります。学級づくりは子どもたちとの協働作業です。子どもたちの心が離れてしまったら，ねらいを達成することはできません。

　カテゴリーⅠ「ゴールイメージ」を達成するために，カテゴリーⅡ「教師のあり方」〜Ⅳ「子どもたちの関係性と主体性」があると考えてください。Ⅱ〜Ⅳは，優先順位を示しています。子どもたちのパフォーマンスは当然ながら，Ⅳに見られます。Ⅳの不具合は，ⅡやⅢ，それもⅡであることが多いのです。

　自分のあり方が，学級のあり方をつくる

ことを自覚することが，学級づくりの成功の極意です。

学級づくりチェック表

できている項目に○を付けてみましょう。

カテゴリー ＼ 時期 項目		1期 4－5 月	2期 6－7 月	3期 9－10 月	4期 10－12 月	5期 1－2 月	GOAL 3 月
【Ⅰ】 ゴールイメージ	1						
	2						
	3						
【Ⅱ】 教師のあり方	4						
	5						
	6						
	7						
	8						
	9						
【Ⅲ】 教師と子どもの 個人的信頼関係	10						
	11						
	12						
	13						
	14						
【Ⅳ】 子どもたちの関 係性と主体性	15						
	16						
	17						
	18						
	19						
	20						

おわりに

これまで「スペシャリスト直伝！学級づくりの極意」シリーズを，3冊上梓させていただきました。

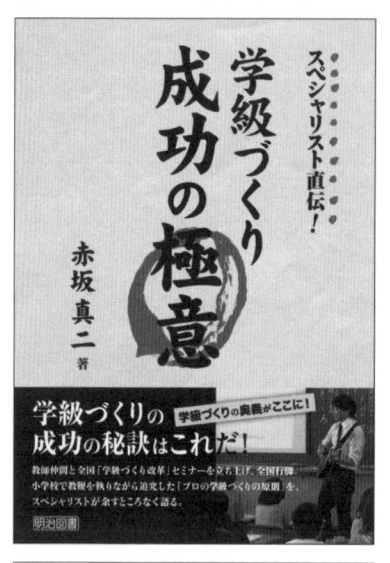

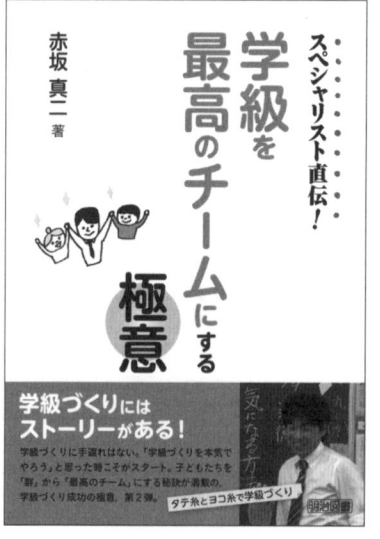

第1弾は，「学級づくり成功の極意」です。学級集団づくりは，多岐にわたる営みです。ともすると場当たり的で，無目的な活動が繰り返されてしまうことがあります。学級集団のゴールビジョンに向けて，朝の会や学級活動，道徳の時間を核にして，目的的な活動を積み重ねることによって，理想とする学級集団づくりを実現しようとするプログラムです。朝の会とコアとなる時間を連動させた「ステーション授業」構想では，活動の一つ一つを追試可能な形で示しました。

第2弾は，「学級を最高のチームにする極意」です。学級集団づくりの本質をチームづくりとしてとらえ，学級集団の4つの成長段階（緊張期，教師の指導優位期，子どもの自由度増加期，自治的集団期）を示し，それに応じた，それぞれの段階を次の段階に進めるための具体的な手立てを示しました。また，第2弾では，第1段で触れなかった，学習指導における協働を促す手立ても示しました。学級集団の成長段階を意識ながら活用できる実用性の高いものになっています。

第3弾は，「成功する自治的集団を育て

る学級づくりの極意」です。第2弾で十分に述べ切れなかった学級集団の最終形態としての自治的集団の姿を，授業（チーム学習），話し合い活動（クラス会議），日常指導の3つの観点から具体的に示しました。また，その3つを統合するものとして，自治的集団づくりに必要な考え方を丁寧に示しました。現在，本書をコンセプトにして教育活動づくりに活用している学校があります。子どもたちの適応感が高まり，学校生活が落ち着き，学力も高まっているという報告をお聞きしています。

第4弾の本書に示した内容は，教師のリーダーシップに関わる内容ですが，実は，私の講座の中で最も書籍化を望む声が多い内容です。講座では，90〜120分と限定された時間で語らなければなりません。したがって，伝えきれないところも多々ありました。講座が終わると，小中学校だけでなく高校の先生からも，どの書籍に書かれてあるのか，お問い合わせをいただきます。しかし，なかなか時間の関係で文章化が遅れていました。この度やっと1冊にまとめることができました。小中学校の先生方にお話させていただくことが多いですが，高校の先生，そして，教諭だけでなく管理職のみなさん，そして保護者の方やビジネスマンの方も太鼓判を押してくださっている内容です。リーダーシップをとる立場のすべての方に活用できるものだと自負しております。

今回も明治図書の及川誠さん，西浦実夏さんに大変お世話になりました。いつも丁寧に編集作業をしていただき，お陰様で発刊の運びとなりました。御礼を申し上げます。

赤坂　真二

【著者紹介】

赤坂　真二（あかさか　しんじ）

1965年新潟県生まれ。上越教育大学教職大学院教授。学校心理士。19年間の小学校勤務では，アドラー心理学的アプローチの学級経営に取り組み，子どものやる気と自信を高める学級づくりについて実証的な研究を進めてきた。2008年4月から，即戦力となる若手教師の育成，主に小中学校現職教師の再教育にかかわりながら，講演や執筆を行う。

【著書】

『スペシャリスト直伝！　学級づくり成功の極意』（明治図書，2011年），『スペシャリスト直伝！　学級を最高のチームにする極意』（明治図書，2013年），『THE　協同学習』（明治図書，2014年），『THE　チームビルディング』（明治図書，2014年），『一人残らず笑顔にする学級開き　小学校～中学校の完全シナリオ』（明治図書，2015年）『最高のチームを育てる学級目標作成マニュアル＆活用アイデア』（明治図書，2015年）『自ら向上する子どもを育てる学級づくり　成功する自治的集団へのアプローチ』（明治図書，2015年），『クラス会議入門』（明治図書，2015年），『いじめに強いクラスづくり　予防と治療マニュアル』小学校編・中学校編（明治図書，2015年），『思春期の子どもとつながる学級集団づくり』（明治図書，2015年）『気になる子を伸ばす指導　成功する教師の考え方とワザ』小学校編・中学校編（明治図書，2015年）他多数

スペシャリスト直伝！
主体性とやる気を引き出す学級づくりの極意

2017年3月初版第1刷刊　Ⓒ著　者	赤　坂　真　二	
発行者	藤　原　光　政	
発行所	明治図書出版株式会社	

http://www.meijitosho.co.jp

（企画）及川　誠（校正）西浦実夏

〒114-0023　　東京都北区滝野川7-46-1
振替00160-5-151318　電話03(5907)6704
ご注文窓口　電話03(5907)6668

＊検印省略　　　　　　組版所　株式会社明昌堂

Printed in Japan　　　　　ISBN978-4-18-132810-8
もれなくクーポンがもらえる！読者アンケートはこちらから →

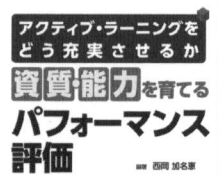
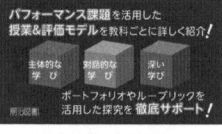